Peter Spalton

Segredos de Marketing

Sobre o autor

Peter Spalton CMC* atuou nos últimos 30 anos na área de marketing. Ocupou importantes cargos na ICL, na Ericsson e na Nokia. Há 20 anos trabalha como consultor freelance de marketing para multinacionais, empresas privadas, familiares e órgãos públicos. Atualmente, é mentor e *coach* de altos executivos e diretores de vendas no Reino Unido.

Certified Management Consultant

SEGREDOS DE MARKETING

2013, Editora Fundamento Educacional Ltda.

Editor e edição de texto: Editora Fundamento
Capa e editoração eletrônica: TRC Comunic Design Ltda. (Marcio Luis Coraiola)
CTP e impressão: Serzegraf Indústria Editora Gráfica
Tradução: Verso Tradutores Ltda. (Roberto Cataldo Costa)
Revisão técnica: Cristina Vaz de Carvalho

Copyright © 2010 HarperCollins *Publishers* Ltd.
Copyright de tradução © 2010 Editora Fundamento.
Traduzido sob licença da HarperCollins *Publishers* Ltd.
O autor afirma seus direitos morais.
Publicado originalmente em inglês por HarperCollins *Publishers* Ltd.

Todos os direitos reservados. Nenhuma parte deste livro pode ser arquivada, reproduzida ou transmitida de qualquer forma ou por qualquer meio, seja eletrônico ou mecânico, incluindo fotocópia e gravação de backup, sem permissão escrita do proprietário dos direitos.

Dados Internacionais de Catalogação na Publicação (CIP)
(Câmara Brasileira do Livro, SP, Brasil)

S734
Spalton, Peter
Série Segredos Profissionais: Segredos de Marketing / Peter Spalton ; [versão brasileira da editora] – 1. ed. – São Paulo, SP: Editora Fundamento Educacional Ltda., 2013.
128p.: il.; 23cm

Título original: Business secrets: marketing secrets
ISBN 978-85-395-0507-4

1. Administração de empresas. 2. Marketing. I. Título

CDD 658.8(22.ed)
CDU 658.8

Índice para catálogo sistemático:
1. Marketing: Administração de empresas 658.8

Fundação Biblioteca Nacional

Depósito legal na Biblioteca Nacional, conforme Decreto nº 1.825, de dezembro de 1907.
Todos os direitos reservados no Brasil por Editora Fundamento Educacional Ltda.

Impresso no Brasil

Telefone: (41) 3015 9700
E-mail: info@editorafundamento.com.br
Site: www.editorafundamento.com.br

Este livro foi impresso em papel pólen soft 80 g/m² e a capa em papel-cartão 250 g/m².

Sumário

Introdução	8
1 Marketing é uma filosofia	**10**
1.1 O marketing está relacionado a clientes	12
1.2 Definitivamente, fazer marketing não é vender	14
1.3 Adapte e adote, aprenda e evolua	16
1.4 Os clientes precisam ser seduzidos	18
2 Identifique os mercados	**20**
2.1 Encontre uma brecha no mercado	22
2.2 Defina seu cliente ideal	24
2.3 Entenda como e por que eles compram	26
2.4 Observe quem realmente toma as decisões	28
2.5 Conheça seus pontos fortes e fracos	30
2.6 Defina sua proposição e seus valores	32
2.7 Pesquise seus concorrentes	34
2.8 Analise tendências e forças de mercado	36
2.9 Estime o tamanho e o potencial do mercado	38
3 Crie o que as pessoas querem	**40**
3.1 Identifique características e benefícios	42
3.2 Entenda sua vantagem competitiva	44
3.3 Acerte no mix para administrar os ciclos de vida	46

3.4 Vendas de produtos em pacotes ou em componentes separados 48
3.5 Associe percepção de valor a preço 50
3.6 Use os descontos e a garantia com sabedoria 52
3.7 Observe o valor agregado e a agregação de valor 54
3.8 Crie embalagem e design excelentes 56
3.9 Rotule para atingir novos mercados 58

4 Observe onde as pessoas compram 60
4.1 Pense além das estruturas físicas 62
4.2 Identifique aonde seus clientes irão 64
4.3 Vários canais vão levá-lo até o cliente 66
4.4 Use vendedores silenciosos 68
4.5 Acrescente associações de afiliados 70

5 Elabore seu mix promocional 72
5.1 "Atire com um rifle, não com uma metralhadora" 74
5.2 Capte a atenção deles 76
5.3 Faça marcação cerrada 78
5.4 Elabore cartazes e propaganda 80
5.5 Use a mídia 82
5.6 Crie releases e pequenas inserções 84
5.7 Faça contato com compradores em eventos comerciais 86

5.8 Estabeleça redes de relacionamento com
pessoas importantes e influentes 88
5.9 Use programas de fidelidade 90
5.10 Apoie sempre sua marca 92

6 Entre na internet **94**

6.1 Torne-se visível 96
6.2 Seja uma vitrine 98
6.3 Redija boletins por e-mail 100
6.4 Construa blogs e *podcasts* 102
6.5 Ofereça fóruns e portais 104
6.6 Use marketing viral 106
6.7 Monte esquemas com terceiros 108
6.8 Participe das redes sociais 110

7 Elabore um plano viável **112**

7.1 Seja claro quanto ao que você pretende 114
7.2 Crie um plano detalhado de longo prazo 116
7.3 Sempre saiba como está se saindo 118
7.4 Nem todos os clientes são iguais 120
7.5 Não tenha receio de corrigir sua abordagem 122

Índice de jargões 124

Marketing inclui todas as partes do seu negócio

A maioria das pessoas acha que o marketing diz respeito principalmente à propaganda. Um vendedor pode considerar um profissional de marketing aquele que faz os folhetos e cuida da página da empresa na internet. Mas as visões são apenas parte do cenário, porque o marketing, na verdade, inclui quase todos os aspectos de um negócio.

Eu trabalho com marketing há 30 anos e fui gerente de marca, diretor de marketing e consultor freelance de empresas de quase todos os tipos e tamanhos. Descobri que, embora a teoria esteja na base do que todos nós fazemos, o marketing tem a ver com inovar e aprender com os próprios erros.

Este livro traz um pouco de teoria clássica do marketing redigida de forma acessível. Dividi o trabalho em sete capítulos, com 50 **segredos** que englobam todos os aspectos práticos do marketing. Você deve ler todos, mesmo que não os considere relevantes. Seja curioso e veja o que o pessoal de marketing está fazendo em outros lugares. Abra sua mente e se pergunte como cada **segredo** poderia funcionar em seu negócio.

- **Marketing é uma filosofia.** Você deve adquirir o hábito de pensar como um profissional de marketing. Abra sua mente e imagine como poderia seduzir clientes e superar a concorrência.
- **Identifique os mercados.** Tudo começa com os clientes, e você tem que entender o que os move. Para isso, precisa ser um pouco vidente e psicólogo e aprender com a experiência.
- **Crie o que as pessoas querem.** No fim, alguém tem que comprar alguma coisa; caso contrário, não há razão para se manter no negócio. Você tem que criar o que as pessoas querem para que elas o escolham, e não seus concorrentes.
- **Observe onde as pessoas compram.** Hoje em dia, as pessoas não compram apenas de uma loja ou de um vendedor. Você deve se certificar de que elas possam obter seu produto onde quer que esperem encontrá-lo.
- **Elabore seu mix promocional.** Existem literalmente centenas de maneiras de promover seu negócio e seu produto. Você deve escolher a ferramenta adequada para o cliente em cada etapa do processo de compra.
- **Entre na internet.** Não é necessário ser especialista em internet nem saber programar um computador, mas você deve ter mente aberta e imaginação para identificar o que a internet pode fazer por sua empresa.
- **Elabore um plano viável.** Em algum momento, alguém vai lhe pedir que escreva o que vai fazer e que explique as razões. Planejamento raramente é divertido, mas ajuda a esclarecer seu pensamento e justificar o que você pretende fazer.

Assim que você acabar de ler estes 50 **segredos**, saberá mais sobre marketing do que qualquer outra pessoa em sua organização. Mas volto a advertir: estou no ramo de marketing há 30 anos e ainda estou aprendendo!

O marketing começa com seu cliente e termina em lucro.

Capítulo 1
Marketing é uma filosofia

Marketing é muito mais do que simplesmente propaganda ou relações públicas (RP). É uma cultura, uma forma de fazer as coisas, que começa com um cliente potencial e termina em lucro. No meio, estão seus concorrentes, em busca dos mesmos clientes e dos mesmos lucros. Seu trabalho como profissional de marketing é usar algumas ferramentas e técnicas comprovadas para superar a concorrência e ganhar os clientes. É questão de prever o futuro e usar a imaginação.

1.1

O marketing está relacionado a clientes

Se você pegar qualquer livro clássico de marketing, vai encontrar uma definição mais ou menos assim: "Marketing é o processo pelo qual uma empresa atende às necessidades dos clientes com um produto e um serviço, por um preço que gera lucro."

No entanto, o marketing pode ser visto simplesmente em duas partes. Em primeiro lugar, você deve ser capaz de desenvolver aquilo que seus clientes querem, agora e no futuro, e elaborar um produto e um serviço que eles comprem. Em segundo, deve conseguir dizer aos clientes em potencial tudo sobre os produtos que oferece e convencê-los a dividir com você o dinheiro deles.

Portanto, um profissional de marketing precisa mesclar análise, estimativa e psicologia. Também ajuda se você for criativo, mas isso não é essencial, já que sempre se pode pagar pela criatividade de alguém. Com o passar dos anos, os profissionais de marketing conceberam algumas ferramentas e técnicas que ajudam a pensar todo o processo. Tradicionalmente, elas são conhecidas como os **quatro Pês do marketing**.

1 **Produto.** Você deve conseguir responder a três perguntas sobre seu produto ou serviço. É isso o que os clientes querem? Como seu produto ou serviço se compara ao da concorrência? Quando estará ultrapassado?

> "O objetivo do marketing é conhecer e entender tão bem os clientes que o produto ou serviço seja adequado a eles e se venda por si só."
>
> **Peter F. Drucker, guru de gestão**

2 Preço. O que alguém se dispõe a pagar sempre pressupõe um julgamento, principalmente se você for o primeiro no mercado. Sempre é melhor avaliar acima do que lhe pareça ser adequado de início, porque sempre se pode reduzir os preços, porém é quase impossível aumentá-los mais tarde.

3 Praça. Esse é o termo de marketing para se referir ao lugar onde o cliente compra o produto que você pretende vender. Atualmente, determinar a praça pode ser algo muito complexo, por incorporar uma variedade de tamanhos e tipos de loja, a internet e as compras pelo correio. Você deverá administrar todos esses pontos ou lugares diferentes para não perder nenhuma oportunidade de vender seus produtos.

4 Promoção. Não há muita razão para criar um produto se ninguém ouvir falar dele. Duas perguntas são vitais: "Como os clientes vão ficar sabendo de nossos produtos?" e "As informações sobre eles são suficientes para que os clientes tomem uma decisão?"

Cinquenta anos atrás, uma empresa fazia um produto, e as pessoas o compravam. Há 30 anos, as empresas tinham que vender seus produtos. Hoje, elas têm que colocar sua marca no mercado com sucesso, para que as pessoas confiem nela antes de comprar seus produtos.

Você deve fazer seus produtos evoluírem constantemente para atender às mudanças de necessidades de seus clientes.

1.2

Definitivamente, fazer marketing não é vender

Muitas pessoas ficam confusas com a diferença entre vendas e marketing. Apenas tenha em mente que os profissionais de marketing lidam com mercados que têm muitos clientes em potencial e falam com eles como grupo; o pessoal de vendas, por sua vez, lida com poucos clientes e fala com um deles de cada vez.

Há muita sobreposição dos dois papéis, o que pode causar conflitos e mal-entendidos, mas é essencial que os profissionais de marketing e de vendas trabalhem em conjunto e se apoiem mutuamente para atingir os objetivos empresariais da organização.

■ **O marketing observa o que está acontecendo no mercado.** É importante avaliar as tendências de mercado e a concorrência. Hoje, a maior parte dos profissionais de marketing que pensam à frente envolve o pessoal de vendas para ajudar na sua compreensão. Isso porque o pessoal de vendas conhece de perto cada cliente e cada concorrente.

> **Minuto de reflexão:** Nas campanhas publicitárias, certifique-se de envolver, o mais cedo possível, tanto o pessoal de vendas quanto o de atendimento com o cliente, pois isso elimina a hostilidade, os mal-entendidos e qualquer sentimento de que aqui nada se cria.

- **O marketing cria campanhas promocionais.** Elas servem para aumentar o conhecimento sobre a empresa e sua marca. O pessoal de vendas deve ser informado sobre o teor das promoções e quando elas vão acontecer, para aproveitar a onda da campanha e gerar mais negócios.
- **O marketing prepara material promocional.** O objetivo é ajudar os clientes em potencial a entender o que a sua empresa faz. Inclui folhetos, apresentações e página na internet. O pessoal de vendas deve usá-los para descrever a empresa e explicar os benefícios de seus produtos a cada cliente.
- **O marketing trabalha com vendas.** Juntos, criam campanhas para gerar consultas dos clientes. É essencial que essas campanhas deem apoio a atividades e objetivos de vendas.
- **O pessoal de vendas elimina o desperdício de tempo.** O departamento de vendas deve identificar clientes em potencial que estejam seriamente interessados em comprar seus produtos. Também é sua tarefa convencer clientes individuais a fazer uma compra. Em seguida, os vendedores vão receber o dinheiro ou preencher o pedido.
- **Vendas e marketing trabalham juntos nos catálogos.** Seja com pedidos pelo correio, pela internet ou por meio de terceiros, como distribuidores e agentes, marketing e vendas devem trabalhar juntos. Nessa situação, o marketing dá apoio a vendas.

Para aprender mais sobre vendas, você deve ler o livro *Segredos de vendas*, desta série.

O marketing aborda grupos de clientes em potencial; o pessoal de vendas fala com eles individualmente.

1.3

Adapte e adote, aprenda e evolua

O pessoal de marketing adora mudanças porque elas significam oportunidades. Os mercados, a concorrência e a tecnologia nunca ficam parados, e você deve adotar essa cultura de transformação constante. As empresas que não mudaram foram esquecidas.

Você consegue citar uma empresa que fabricava réguas de cálculo ou carros a vapor? A besta foi destruída pelo mosquete; o mosquete, pelo rifle; e o rifle, sabe-se lá pelo quê.

Os melhores profissionais de marketing entendem que não podem ficar parados, pois o mundo não para. Sua filosofia é receber a mudança de braços abertos. Se você quiser ter sucesso em marketing, terá que fazer o mesmo, o que significa nunca se satisfazer com a forma como as coisas estão e procurar sempre modos de melhorá-las, principalmente em relação à concorrência.

- **Fique sempre de olho na concorrência.** Verifique regularmente o que seus concorrentes andam fazendo. Analise em que eles são bons e em que você não é. Corrija sua maneira de lidar com isso e aposte nos pontos fracos deles.

> **Minuto de reflexão:** Veja o que acontece quando você compra o produto de seu principal concorrente. Foi fácil? Como foi o serviço em comparação com o seu? Se você não estiver à frente, precisa mudar.

"Leva um dia para conhecer o marketing, mas a vida toda para aprendê-lo." Philip Kotler, guru de marketing

- **Compre os produtos de seus concorrentes.** Você deve comprar os produtos da concorrência e dá-los ao seu pessoal de design. Pergunte-lhes o que esses produtos têm de bom e o que têm de ruim. Tente entender o que seus concorrentes estão fazendo atualmente e prever o que farão no ano que vem e no seguinte.
- **Veja o que está acontecendo em seu setor nos outros países.** Alguns países estão muito à frente dos demais. Veja o que eles estão fazendo porque é dessa maneira que seu mercado pode estar daqui a dois, três ou cinco anos.
- **Observe outros setores e veja como eles agem.** Adapte os procedimentos bem-sucedidos ao seu negócio. A maioria das empresas do mesmo setor atua de forma semelhante, de modo que uma abordagem diferente pode lhe dar uma vantagem única sobre seus concorrentes.
- **Participe de seminários e cursos.** Faça pelo menos dois cursos por ano sobre vendas e marketing. Estabeleça redes com os participantes e descubra o que funciona para essas pessoas. Mesmo que não aprenda coisas novas, vai lembrar algo bom que havia esquecido.
- **Examine regularmente seu desempenho.** Não tenha receio de admitir que alguma coisa não funcionou tão bem quanto você esperava. Lembre-se: é sempre melhor fazer alguma coisa do que se arrepender por nada ter feito.

O segredo do sucesso em marketing está em continuar aprendendo e desenvolvendo a maneira de atuar.

Mudança significa oportunidade. Adote-a e experimente novas estratégias.

1.4

Os clientes precisam ser seduzidos

Cinquenta anos atrás, as pessoas recorriam ao comércio local para suprir a maior parte de suas necessidades. O dono do estabelecimento as conhecia e passava um tempo conversando e perguntando sobre a família do freguês. Naquela época, comprar era algo sem estresse e os pequenos empresários geralmente eram amigáveis.

Aos poucos, contudo, os pequenos estabelecimentos locais desapareceram e as grandes redes e os supermercados assumiram seu lugar. Comprar se tornou algo impessoal, baseado em transações: você ia a uma loja, comprava o que precisava e saía. Como não importava realmente onde comprasse, você não era fiel a um estabelecimento varejista específico. Afinal de contas, poderia encontrar suas marcas favoritas em qualquer lugar. No entanto, no início deste século, as empresas se deram conta de que precisavam se envolver com seus clientes para fazê-los voltar outras vezes. Fidelidade, estilos de vida e aspirações – não se falava em outra coisa em termos de marketing.

■ **O exemplo da Apple.** No início da década de 90, a Apple era uma empresa pequena especializada em informática. Seus clientes

> **Minuto de reflexão:** Pense em uma empresa que o seduz com a propaganda e seus produtos. O que ela tem? Agora, reflita sobre como poderia fazer o mesmo com seus clientes.

eram fiéis e a maioria trabalhava nos setores de moda, design e mídia. Entretanto, em outubro de 2001, a empresa lançou o iPod, voltado para os jovens, e o produto passou a ser uma compra relacionada ao estilo de vida e à afirmação de liberdade.

Dois anos depois, a empresa introduziu o iTunes, que acrescentou um fluxo de receita que se repete. Em sete anos, a Apple tinha vendido 150 milhões de unidades e transformado a empresa e todo o negócio da música.

■ **O exemplo da Emirates.** Nos anos 80, as companhias aéreas se baseavam exclusivamente em transações. Quem quisesse voar compraria uma passagem, e isso era tudo. Mas a Emirates rompeu com esse formato quando decidiu vender a experiência sensorial de voar. Mudou seu slogan para *Fly Emirates, keep discovering* (Voe Emirates, continue descobrindo) e trocou o uniforme de seus 16 mil funcionários de bordo por modelos desenhados por estilistas. Com um custo mínimo, aumentou muito o valor percebido de voar com a Emirates. Desde então, a empresa recebeu 400 prêmios do setor.

■ **O exemplo da Red Bull.** Em 1987, uma empresa europeia lançou uma bebida energética chamada Red Bull. Seu marketing era agressivo e patrocinava esportes e atividades radicais, como corridas de Fórmula 1 e campeonatos de snowboard, surfe, skate e windsurfe. É voltada para jovens do sexo masculino e atualmente produz uma revista chamada *Red Bulletin*, disponível na internet e gratuita em muitos bares, clubes e hotéis. Com seu slogan de fácil memorização, "Red Bull te dá asas", hoje a empresa vende mais de 3 bilhões de latas por ano em todo o mundo.

Todas essas empresas têm uma coisa em comum. Cada uma descobriu como seduzir seus clientes de forma eficaz. Você deve aprender a fazer a mesma coisa e isso começa com um entendimento claro do que fazer e de como você quer que seus clientes se sintam em relação a você. Saiba mais sobre isso nos Segredos 2.2 e 5.10.

Aprenda a seduzir seus clientes para que eles continuem querendo seu produto.

Capítulo 2

Identifique os mercados

Seu mercado é vital. É o grupo de clientes em potencial que usará seu tipo de produto. Sendo assim, você precisa entender quem comprará seu produto, por que essas pessoas farão isso e como tomarão essa decisão. É nesse momento que você precisa ser um pouco paranormal e um pouco psicólogo. Também terá que se dar conta de que marketing é como guerra e provavelmente vai ter que usar táticas de guerrilha. Ou seja, precisa identificar as oportunidades e atacar pequenos pedaços do mercado, um de cada vez.

2.1

Encontre uma brecha no mercado

Você começa com um produto, uma ideia ou uma habilidade? Seja qual for sua resposta, precisa encontrar uma brecha no mercado e nela se concentrar. Suas chances de sucesso não são muitas se você tentar enfrentar uma empresa que já está estabelecida. Você deve encontrar um grupo de clientes em potencial que os principais atores tenham ignorado.

Pense em como a Nintendo enxergou uma brecha em um mercado superlotado para consoles de jogos de computador. A empresa escolheu as famílias, em vez de meninos adolescentes, e o Wii se tornou uma das histórias de maior sucesso em marketing dos últimos anos. A brecha no mercado é chamada de nicho, ela deve ser grande o suficiente para que você tenha um lucro razoável e pequena o bastante para que possa dominá-la.

■ **Nicho de produto.** Seu produto pode ter uma característica única com apelo a um determinado grupo ou uma aplicação no mercado. O aspirador de pó Cyclone, da Dyson, é um exemplo desse tipo.

> **Estudo de caso:** A A.T. Cross é famosa por produzir instrumentos de escrita folheados a ouro que todo executivo em ascensão quer ter. Em vez de atacar o mercado de material de escritório inteiro e fabricar todos os tipos imagináveis de

- **Nicho de localização.** Costuma ser um serviço, como uma loja de conveniência local que fica aberta 24 horas por dia ou uma loja na área de embarque de um aeroporto.
- **Nicho de clientes.** Encontre um grupo de clientes em potencial com características ou interesses semelhantes que você consiga identificar com facilidade. O mercado da terceira idade, por exemplo, diz respeito às pessoas com mais de 60 anos. Os fãs de esportes radicais formam outro nicho de mercado.
- **Nicho de preço baixo.** Você pode decidir reduzir a qualidade ou o número das características de seu produto e vendê-lo a um preço reduzido. É isso o que os fornecedores de alimentos fazem com seus produtos de "marca própria".
- **Nicho de luxo.** Você pode se situar, por meio dos preços, em um mercado de produtos de alta qualidade, estilo sofisticado ou preço alto. O aspecto mais importante desse nicho é ter a imagem e a reputação corretas. A Honda criou uma nova marca, Lexus, para entrar nesse nicho, além de ter construído uma nova rede de revendedores para se afastar da marca existente.

Caso você já venda um produto em um nicho de mercado específico, precisa verificar se há outros nos quais poderia vender. Muitas vezes, você pode fazer uma simples modificação no produto ou serviço e vendê-lo a outro grupo de clientes. Há mais sobre isso no Segredo 3.4.

Você deve encontrar um nicho no mercado sem demasiada concorrência, no qual venda o suficiente para ter lucro.

canetas e lápis, a empresa escolheu se concentrar no nicho de preços altos e acrescentou pastas executivas e acessórios folheados a ouro, como abotoaduras, à sua exclusiva linha de produtos.

2.2

Defina seu cliente ideal

O trabalho para definir seu cliente potencial é, provavelmente, o tempo mais valioso que você gasta em marketing. Os profissionais de marketing tradicionais chamam isso de segmentação e dedicam muito tempo e energia para acertar.

Suponhamos que você tenha uma ideia para um produto e precise decidir a quem ele se destina. A melhor maneira de fazer isso é reunir-se com duas ou três pessoas que conheçam o produto e que sejam o tipo de cliente em que você está interessado e partir para quatro ações simples.

1 Comece com os aspectos demográficos. Se estiver vendendo a clientes, trata-se de identificar idade, gênero, faixa de renda e localização geográfica. Se vender a empresas, os aspectos são tamanho, setor da economia e região ou país em que estão sediadas.

2 Observe os hábitos de compra. Os clientes serão usuários intensos e comprarão seus produtos todos os dias, semanas ou meses? Ou somente voltarão a comprá-los depois de alguns anos? Por exemplo, funcionários de escritórios urbanos podem comprar

Estudo de caso: Na década de 50, a Parker virou o negócio de canetas de pernas para o ar quando decidiu que seu cliente ideal era alguém que estivesse procurando um presente. A Parker Pens investiu nas embalagens, de modo que seus procafé no mesmo lugar todos os dias, ao passo que, no extremo oposto, as pessoas tendem a comprar carros com intervalo de alguns anos e uma casa somente três ou quatro vezes na vida.

3 **Reflita sobre quem vai comprar o produto.** E como vai pagar por ele. Por exemplo, as roupas de bebê são para os bebês, mas são compradas por pais, avós e amigos. As pessoas pagarão pelos produtos que você vende com dinheiro ou com cartão de crédito? Ou, no caso de um item muito caro, precisarão de empréstimo bancário? Caso precisem, pode ser interessante entrar em contato com um banco para organizar empréstimos em nome de seus clientes, o que seria um serviço com grande valor agregado.

4 **Pense sobre os motivos para comprar seus produtos.** É um produto relacionado ao estilo de vida, que os clientes comprarão para se sentir melhor ou para elevar seu status na comunidade? Ou eles vão comprar para resolver um problema, economizar tempo ou reduzir custos? E pense se eles tomarão uma decisão com base em qualidade, serviço ou preço.

Quando você terminar, deve ter uma imagem de seu cliente ideal. Em seguida, precisa refletir sobre como os clientes podem ficar sabendo de você, onde comprariam seus produtos e qual é o tamanho do mercado.

O tempo que você passa definindo claramente seu cliente ideal nunca terá sido desperdiçado.

---

dutos se tornaram presentes. Hoje, temos canetas específicas para crianças em idade pré-escolar, alunos de escola, estudantes universitários, funcionários de escritório e profissionais liberais. E ninguém, na verdade, compra uma caneta para si mesmo.

2.3

Entenda como e por que eles compram

É aqui que você precisa ser um pouco psicólogo. Há dois aspectos importantes neste caso. Você precisa entender por que as pessoas quereriam comprar seu tipo de produto e deve saber por que elas escolheriam o seu e não o de seus concorrentes.

Pense um momento sobre o que as pessoas realmente fazem antes de abrir mão do dinheiro. Quer você se dê conta disso, quer não, essa ação acontece em quatro passos, geralmente sem que a pessoa perceba. Chamamos esses passos de etapas da compra.

■ **Etapa da necessidade ou do desejo.** É nessa etapa que a pessoa decide que quer ou precisa de algo. Ela pode querer economizar tempo ou dinheiro ou pode querer ganhar alguma coisa, como dinheiro ou status. Da mesma forma, pode querer evitar algo, como fome, sede ou ter que limpar a casa ajoelhada, com as próprias mãos.

■ **Etapa de conhecimento.** A pessoa procura informações que a ajudem a decidir qual opção comprar. Para alguns produtos, verá propaganda, folhetos ou análises em revistas especializadas. Para outros mais básicos, como o pão, provavelmente somente os olhará na prateleira.

■ **Etapa da preferência.** A seguir, a pessoa toma a decisão propriamente dita e escolhe o produto que vai adquirir. Mesmo que tenha feito muitas pesquisas sobre o produto, muitas vezes, inconscientemente,

> **"Observe os mercados pelo outro lado do telescópio – não pela lente daquilo que você quer vender, e sim do que as pessoas querem comprar."**
>
> **Gary Bencivenga, redator consagrado nos Estados Unidos**

decidirá com base em características como cor, qualidade, preço, estilo ou o que está na moda.

- **Etapa de compra e justificação.** Depois de tomar sua decisão e comprar o produto, a pessoa justificará para si mesma que fez a escolha certa. Dirá coisas como "era o melhor" ou "estava com preço mais baixo".

Algumas pessoas tomam decisões quase instantâneas e são conhecidas como decididas. Outras precisam de muitas informações e de dados concretos antes de definir a compra. São metódicas e simplesmente precisam de tempo. Há outro grupo, formado por pessoas que levam quase uma eternidade para decidir. Elas são cautelosas e é necessário incentivá-las para que tomem uma decisão, informando-lhes quem mais adquiriu o produto.

No Segredo 5.3, você verá que tipo de propaganda e promoção deve fazer para cada etapa do processo de compra.

Você precisa ser um pouco psicólogo para compreender como as pessoas tomam decisões e por que elas comprariam seu produto.

2.4

Observe quem realmente toma as decisões

Se você estiver sozinho e quiser um sanduíche ou um café, a decisão será bastante fácil. Porém, infelizmente, a maioria das compras envolve muitas pessoas, principalmente se for um produto ou serviço para uma empresa.

Mesmo algo que à primeira vista pareça simples, pode envolver mais de uma pessoa. Imagine uma mãe com os dois filhos em um shopping center. Um deles diz: "Eu quero um chocolate". Essa criança, conhecida como iniciador, é um consumidor. A mãe é o comprador. A outra criança tem interesse na decisão, porque sabe que também vai ganhar chocolate. Este último é um *stakeholder*, ou seja, um interessado. Se a compra não for de um chocolate, e sim de algo mais caro, o pai também poderá se envolver no processo de decisão. Damos esses nomes às pessoas para ajudar a explicar os papéis que cada uma cumpre no processo de compra.

■ **Iniciador.** É a pessoa que sugere a ideia pela primeira vez. No exemplo acima, é um dos filhos. Se a mãe tivesse feito a sugestão, perguntando: "Você quer um chocolate?", ela cumpriria o papel de iniciadora.
■ **Consumidor.** A pessoa que realmente usa o produto ou serviço. No exemplo acima, é a criança, mas, se você quisesse comprar uma rede de computadores para uma empresa, poderia ser toda uma equipe.

> **"A maioria das vendas se perde porque o vendedor apresenta seu produto antes de saber o que motiva todas as outras pessoas envolvidas."**
>
> **Gary Bencivenga, redator consagrado nos Estados Unidos**

- **Influenciador.** Pessoa ou grupo cujas visões e conselhos influenciam o processo de compra. No exemplo da compra do chocolate, poderia ser um dentista que sugerisse que eles fazem mal aos dentes.
- **Homem/mulher do dinheiro.** Pessoa que tem o dinheiro ou assina o cheque. Tem a autoridade final de dizer: "Não, não temos dinheiro para isso".
- **Comprador.** Quem realmente compra ou paga pelo produto ou serviço. Nas empresas, são as pessoas que verificam o contrato e examinam a viabilidade do fornecedor ou do prestador do serviço em longo prazo.
- *Stakeholder.* Pessoa ou grupo que não influencia na decisão, mas tem interesse na compra.

Quanto mais caro for o produto, mais pessoas envolvidas na decisão você tenderá a encontrar. Você deve identificar os indivíduos pelo nome e trabalhar com seu pessoal de vendas para ter certeza de influenciá-los corretamente. O que importa são as pequenas coisas, de modo que você deve dar o tipo certo de informação à pessoa certa. Por exemplo, o comprador não está interessado no mérito técnico do produto que você oferece, mas no status da empresa que o vende. O homem do dinheiro está realmente interessado em ter certeza de que receberá valor em troca de dinheiro.

Compras nunca são tão simples como parecem e pode haver muitas pessoas envolvidas até mesmo na mais fácil das decisões.

2.5

Conheça seus pontos fortes e fracos

Os melhores profissionais de marketing sabem exatamente em que são bons e em que não são tão bons assim – seus pontos fortes e fracos. Você também precisa ter entendimento dos pontos fortes e fracos de seus concorrentes e saber o que seus clientes pensam sobre você e seus produtos.

A visão de seus clientes é muito mais importante do que a sua. Tenho certeza de que você acha que tem os melhores produtos do mundo, mas, na realidade, a percepção de seus clientes é a mais importante. E você deve fazer que seu produto e seu serviço ao cliente correspondam às expectativas deles, com base em seu material de marketing.

■ **Produto.** Pergunte aos clientes se as características, a qualidade e a confiabilidade de seu produto corresponderam ao que esperavam.

> **Minuto de reflexão:** Telefone para seu cliente imediatamente após ele ter comprado algo de você e obterá sua reação instantânea à compra.

- **Preço.** Eles acham que receberam valor pelo dinheiro que investiram? Descubra se receberam mais do que esperavam, ou menos.
- **Disponibilidade.** Até onde eles tiveram facilidade de encontrar a informação de que precisavam ao escolher qual produto comprar? Até onde tiveram facilidade de comprar? O que havia para pronta-entrega?
- **Serviço.** O que eles acharam do atendimento? Foi simpático, eficiente e correspondeu ao que estava previsto?

Muitas empresas empregam alguém para telefonar aos clientes, enquanto outras usam o correio. Uma pesquisa postal ou por correio eletrônico pode coletar mais informações, mas não capta os sentimentos imediatos dos clientes.

Você também precisa conversar com seus prováveis clientes, principalmente com os que nunca compraram de você. Pergunte se já ouviram falar de sua empresa e o que ela representa para eles. Isso se chama nível de conhecimento sobre sua empresa.

Faça uma lista das coisas em que acha que é bom e daquelas em que não é tão bom e acrescente as visões de seus clientes a essa lista. Em seguida, examine com muita paciência e dedicação cada um de seus pontos fracos e trabalhe para melhorá-los. O ideal é você invertê-los completamente, para que se tornem pontos fortes.

Saiba em que você é bom e em que não é tão bom, para potencializar seus pontos fortes e corrigir seus pontos fracos.

2.6

Defina sua proposição e seus valores

Tendo decidido que querem comprar algo, as pessoas tendem a escolher a empresa que mais corresponda a seu estilo de vida e seus valores. Você precisa definir o que faz e o que representa como empresa.

Você precisa ter uma declaração muito clara, que é chamada de sua proposição. Se sua marca não for um nome conhecido, ela precisa dizer o que você faz. Já ser for muito conhecida, pode ser suficiente um slogan, como *We try harder*, da Avis, ou *The ultimate driving experience*, da BMW.

À primeira vista, parece muito difícil criar uma proposição e seus valores de marca, mas ela deve apenas dizer o que você faz, com clareza, em uma frase. Uma forma de fazer isso é preencher as lacunas na seguinte declaração: fornecemos a (clientes) um (produto) que vai (benefício). Por exemplo: "Fornecemos a fabricantes e empresas de manutenção de veículos comerciais na América do Sul sistemas de refrigeração adequados às condições duras e ao clima rigoroso".

Seus valores de marca são aquilo que você quer que seus clientes sintam quando virem e interagirem com sua empresa. Porém, você deve associá-los a seu mercado. Por exemplo, não adianta tentar ser uma empresa jovem e cheia de energia se seu mercado é de idosos.

> **Minuto de reflexão:** Visite lojas de alimentos em sua área e observe as vitrines. Que cores elas usam? Como é o layout? Que tipo de pessoa compra ali? Tente decidir quais são os valores das marcas e qual é o grupo-alvo de clientes.

Analise qual das seguintes descrições é mais adequada à sua empresa. É isso o que seus clientes-alvo querem?

- **Confiável e estável.** Os bancos e as seguradoras devem oferecer confiabilidade e segurança.
- **Empolgante e dinâmica.** A BMW e a Red Bull criaram marcas dinâmicas, com apelo emocional.
- **Inovadora e de vanguarda.** Marcas como Audi, Apple e Sony promovem sua tecnologia de vanguarda.
- **Criativas e com estilo.** Pense em Gucci e Ferrari.
- **Sofisticadas e de status elevado.** Marcas como Rolls-Royce, Dunhill e Rolex anunciam que você chegou.
- **Valor pelo seu dinheiro.** Empresas como Kia, Skoda, Hyundai e Asus Computadores aumentam o valor do dinheiro.

Hoje, as pessoas querem se sentir envolvidas com a empresa e ter orgulho de comprar seus produtos. A proposição e os valores de marca que você apresenta mostram isso e compõem sua promessa aos clientes. Simplesmente se certifique de nunca romper esse vínculo de confiança.

Você deve ser capaz de dizer claramente o que faz e o que representa com menos de 35 palavras.

2.7

Pesquise seus concorrentes

Todas as empresas têm concorrentes, o que, na verdade, é bom para todos, já que a despesa combinada em promoção e propaganda aumenta o tamanho e incentiva o crescimento do mercado. Somente as empresas muito grandes podem ter esperança de cobrir todo o mercado e todos os nichos que existem nele. Você deve entender quem são seus concorrentes e como você se compara a eles.

- **Concorrentes diretos.** Há empresas que você enfrenta diretamente em seu mercado-alvo. Embora todas sejam importantes, você provavelmente tem somente uma ou duas concorrentes fundamentais, que são as empresas com as quais você vai competir o tempo todo.
- **Outros concorrentes.** Fornecem um produto semelhante ao seu, mas em partes diferentes do mercado. Às vezes, são empresas estrangeiras; outras vezes, vendem a nichos diferentes. Você precisa ficar de olho, já que elas podem facilmente avançar sobre seu mercado-alvo a qualquer momento.
- **Concorrentes indiretos.** Não são concorrentes no sentido usual da palavra, mas representam outras formas de seus clientes em potencial gastarem dinheiro em vez de comprar seu produto. Por exemplo, um carro novo é concorrente indireto de uma viagem de férias.

Você deve coletar algumas informações básicas sobre cada concorrente nas principais categorias citadas anteriormente: concorrentes

> **Minuto de reflexão:** Programe um *Alerta do Google* relacionado ao nome de sua empresa e ao de cada um de seus concorrentes. Assim, você receberá um e-mail cada vez que eles aparecerem na internet ou atualizarem a página ou blog.

diretos e indiretos. Insira dados como localização, porte da empresa, página na internet, informações sobre o produto e os grupos-alvo de clientes. Transforme tais informações em um guia básico sobre seus concorrentes e o envie a suas equipes de vendas e marketing para que acrescentem mais informações. Produza um documento vivo, que você atualize a cada dois ou três meses.

Você também deve dedicar um tempo a cada concorrente importante, para trabalhar os pontos fortes e fracos dele. Monitore a página da concorrência na internet todos os meses e fique atento a quando a outra marca aparecer na imprensa. Informações menores, como uma vaga para emprego, podem lhe indicar se o concorrente pretende se expandir por novas áreas. Tente entender o que ele está tentando obter e para onde está indo. Pergunte a si mesmo: qual é o compromisso dele para com determinado produto? Ele o está colocando no mercado agressivamente? Vai lançar uma versão diferente? Tente entender até onde ele depende de determinado produto ou mercado. É uma fatia grande das vendas dele para que não possa se dar ao luxo de perdê-la?

Com perguntas como essas, você pode entender o que os concorrentes farão nos próximos anos, e informação é poder.

Crie um guia básico sobre os concorrentes, para examinar os pontos fortes e fracos deles.

2.8

Analise tendências e forças de mercado

Os mercados, os clientes, os produtos e os concorrentes nunca ficam parados. Portanto, você deve examinar o que está acontecendo em seu mercado pelo menos uma vez por ano.

Alguns fatores que afetam o mercado estão completamente fora de seu controle. São conhecidos como macroforças e incluem a economia, a legislação, as mudanças nas políticas de governo, a agitação política e as guerras. Pergunte-se o que aconteceria se... Ou o que acontecerá quando...

Você também deve observar o que está acontecendo em seu mercado ou setor. Essas são as microforças. Embora não possa controlá-las, às vezes você pode influenciá-las. Entre elas, estão novos produtos de seus concorrentes, mudanças nas atitudes dos clientes e desenvolvimento de novas tecnologias.

- **Leia a imprensa de seu setor ou profissão.** Você deve estar atualizado em relação ao que está acontecendo. Assine *RSS feeds*, com o resumo de conteúdo dos blogs de comentaristas e analistas de tendências do setor.
- **Confira estatísticas oficiais.** Elas costumam estar disponíveis na internet, tanto as de seu país, quanto as de outros países que você queira pesquisar.
- **Participe de exposições, feiras comerciais e conferências.** Esses eventos representam uma oportunidade de descobrir os bastidores do setor, conversando com pessoas que estão informadas sobre o que acontece.

"O pessoal de marketing (...) passou a depender demais das pesquisas e as usa como um bêbado usa um poste para se apoiar, não para iluminação."

David Ogilvy, guru da propaganda nascido na Grã-Bretanha

■ **Estabeleça contato com pessoas que influenciam seu mercado.** As pessoas que fazem, agitam e definem tendências, e que estão à frente da maioria, podem lhe dar uma boa ideia do que está para acontecer em seu setor.

■ **Converse com seus clientes.** Seus clientes provavelmente saberão mais sobre o que está acontecendo no mercado em que você trabalha do que você mesmo. Você deve reuni-los em um grupo de discussão e ouvir suas opiniões sobre o que está acontecendo.

■ **Observe os clientes de vanguarda.** É muito importante observar o que fazem os clientes de seus concorrentes. Os de vanguarda são os inovadores, compram as últimas tecnologias e estabelecem as tendências de mercado.

■ **Observe outros setores semelhantes.** Pode-se aprender muito observando mercados que sejam semelhantes ao seu, principalmente no que se refere aos consumidores. Estude as tendências em outras partes do mundo e pense sobre o que faria se uma situação semelhante se apresentasse em seu país e em seu mercado.

As tendências e as dinâmicas de mercado estão relacionadas ao que pode acontecer no futuro. Use sua capacidade de discernimento para decidir o que precisa fazer.

Os mercados e as tecnologias nunca ficam parados, por isso seu objetivo deve ser estar à frente, em vez de correr atrás de uma tendência.

2.9

Estime o tamanho e o potencial do mercado

Esta sempre parece a parte mais difícil de começar, mas tudo que você realmente precisa fazer é estimar o tamanho total de seu mercado e fazer uma avaliação bem fundamentada sobre o potencial de crescimento que ele tem.

Às vezes, essa informação já foi publicada na imprensa do setor. Se não, uma empresa de pesquisa de mercado pode vendê-la a você. Contudo, pode ser que você tenha que fazer a estimativa por conta própria.

1 Em primeiro lugar, deve-se estimar a população total de empresas ou consumidores no mercado. Esses números geralmente são publicados em estatísticas oficiais e listas empresariais. O número de pessoas e domicílios em uma determinada área em geral está disponível na internet, e você pode apenas contar o número de empresas de um determinado tipo nas várias listas setoriais ou perguntar a uma associação quantos afiliados ela tem. Suponhamos que você queira vender escovas de dentes não elétricas a adultos na Alemanha. Há 80 milhões de adultos na Alemanha, de modo que o mercado total é de 80 milhões de consumidores.

2 Em seguida, precisamos estimar qual é a parte do mercado total que realmente usará esse tipo de produto em um futuro previsível. A Alemanha é um país desenvolvido e pode-se estimar, ou descobrir, que 30% da população usa escova de dentes elétrica, o que reduz nosso mercado a 56 milhões de consumidores.

3 Agora, precisamos calcular quantas vezes cada consumidor compraria nosso tipo de produto. Digamos que uma escova de dentes dure pouco mais de um mês, portanto as pessoas normalmente comprariam dez por ano. Isso significa que o mercado de escovas de dentes não elétricas na Alemanha é de 560 milhões de unidades por ano. A 2 dólares por unidade, é mais de 1 bilhão de dólares por ano. Porém, o crescimento do mercado é limitado pela taxa de natalidade.

4 Por fim, você precisa observar cada concorrente e estimar quantos produtos como o seu ele vende no mercado a cada ano, mas certifique-se de comparar produtos semelhantes. Em nosso exemplo, seriam escovas de dentes não elétricas na Alemanha. Se você fez uma boa pesquisa sobre o assunto, é provável que possa estimar a carteira de clientes e calcular os preços da concorrência. É claro que terá que estimar a divisão da receita – percentual de serviços e do produto que entram na composição do preço –, mas geralmente pode fazer isso por meio da análise da ênfase que os concorrentes dão a cada uma das atividades promocionais que desenvolvem.

Quando você tiver terminado, terá uma estimativa da fatia de mercado de todos os seus concorrentes. Se quiser entrar no mercado, deve procurar um nicho ou atacar um concorrente frágil.

Observar o tamanho e o crescimento do mercado é uma combinação de pesquisa científica e pura intuição.

Capítulo 3

Crie o que as pessoas querem

Examinemos os dois primeiros "Pês" do mix de marketing clássico: produto e preço. Quer você venda um produto, quer venda um serviço, não existe muita diferença entre eles em termos gerais. Ambos atendem a uma necessidade do cliente e ambos devem ser colocados no mercado de modos semelhantes. Em termos de marketing, a apresentação é a única diferença verdadeira, e uma das coisas que se deve aprender a fazer é apresentar serviços de forma que eles se tornem tangíveis. Todo o resto é igual.

3.1

Identifique características e benefícios

Você criou um produto sensacional e tem certeza de que todo mundo vai querer comprá-lo. Detalhou as características dele, provavelmente na forma de uma lista de especificações. Contudo, somente pessoas realmente técnicas compram com base em uma lista de especificações. O que você precisa fazer agora é transformar essas características em vantagens e benefícios.

- **Uma vantagem é aquilo que seu tipo de produto faz pelo usuário.** Por exemplo, um aspirador de pó o ajuda a limpar a casa mais rapidamente e com menos esforço. Só que isso se aplica a todos os aspiradores.
- **Benefício é aquilo que a característica de seu produto faz pelo usuário.** Seu produto terá características específicas que

> **Estudo de caso:** Em 1986, James Dyson projetou um aspirador de pó que não precisava de bolsa para coletar a sujeira, o que o fazia nunca perder a capacidade de sucção. Nenhum dos fabricantes da época quis licenciar a tecnologia, por isso ele decidiu fabricar e vender o produto por conta própria. Em 1999, a empresa americana Hoover foi consi-

beneficiam o usuário. Assim, no caso do aspirador de pó, se ele tiver um mecanismo para recolher o fio, o benefício é não precisar enrolá-lo.

Na verdade, é fácil elaborar uma explicação sobre os benefícios de seu produto. Examine cada uma das características dele de cada vez e complete a frase: "Nosso produto tem (característica), o que faz (benefício)". Portanto, no exemplo acima: "Nosso produto tem um fio retrátil, o que dispensa enrolá-lo."

As pessoas realmente decidem qual produto escolher com base em seus benefícios, embora, algumas vezes, tomem decisões emocionais, em função de algo que as faz se sentir bem, como no caso de sapatos, perfumes e equipamentos eletrônicos.

Alguns benefícios são mais importantes do que outros, de modo que você deve posicioná-los em ordem de prioridade e, como acontece com a maioria das decisões de marketing, deve perguntar aos seus clientes. Isso se chama amostragem de produto e sempre é feito com alimentos, para saber quais sabores os clientes preferem. Assim, pegue sua lista e peça a um grupo de clientes que lhe diga quais benefícios consideram fundamentais. Em seguida, solicite que escolham os três mais importantes, para ter uma ideia das mensagens que deve usar em seu material promocional e na apresentação do produto.

As pessoas não compram características; elas compram o que o produto pode fazer por elas.

derada culpada de violação de patente. A Hoover também admitiu ter cogitado a compra da patente de Dyson para manter a tecnologia fora do mercado. Em 2001, Dyson lançou o produto no Reino Unido por um preço alto e, quatro anos depois, sua empresa fazia vendas de 300 milhões de dólares por ano.

3.2

Entenda sua vantagem competitiva

Os profissionais de marketing chamam o que você está vendendo de oferta. Geralmente, é uma combinação de produto e serviço e não pode ser igual ao de seus concorrentes. Se for, você somente conseguirá competir no preço, e seu concorrente terá facilidade de contra-atacar se estiver disposto a perder dinheiro em curto prazo para fazer você falir.

Sendo assim, você deve formular qual vantagem tem sobre cada um de seus concorrentes. Isso se chama vantagem competitiva. Ela é importante e é a razão pela qual as pessoas vão escolher o seu produto em detrimento de outro. Portanto, é essencial que você analise sua oferta completa em relação a cada um de seus concorrentes.

1 Faça uma lista do que faria um cliente optar por sua oferta. Pode ser a qualidade e a confiabilidade de seu produto, pode ser o que as pessoas pensam sobre sua marca, entre outros.

> **Estudo de caso:** A Viking Direct, subsidiária da gigante americana Office Depot no Reino Unido, vende material de escritório pelo correio. Para ser diferente, criou uma entrega garantida no dia seguinte como sua vantagem competitiva. Se não chegar, você

2 Decida se você é melhor, igual ou pior do que cada um de seus concorrentes em relação a cada item de sua lista. Seja honesto – é improvável que você seja melhor do que os concorrentes em todas as áreas.

3 Escolha os fatores em que é visivelmente melhor, pois esses são suas vantagens competitivas. Observe aqueles em que não é tão bom e pense em como poderia melhorá-los.

Se suas vantagens competitivas estiverem relacionadas a seu produto, você deve ficar de olho na concorrência. As vantagens de produto são fáceis de copiar. Porém, se estiverem relacionadas à sua reputação ou sua marca, levará muito mais tempo para que um concorrente o alcance. E, se você não tiver nenhuma vantagem competitiva, precisa criar alguma.

O serviço ao cliente é uma das melhores áreas para se criar vantagem, porque também aumenta a percepção sobre seu valor (veja o Segredo 3.7). Pode ser copiado por um concorrente, embora demande pessoas com as habilidades apropriadas.

A imagem de marca e a reputação compõem a vantagem competitiva mais difícil de ser criada. Pode ser necessário muito dinheiro e tempo para construir uma reputação. Uma vantagem tecnológica sempre tem vida curta, pois geralmente é fácil de copiar, apesar das patentes. E o preço nunca é uma vantagem duradoura.

Você não vai chegar a lugar algum se não tiver uma vantagem competitiva.

não paga pelo pedido. Para fazer isso, a empresa alterou o horário de trabalho de seus funcionários para que eles começassem às 11 e terminassem às 21 horas. Às 21h15, todos os pedidos do dia eram enviados por um serviço de entregas noturnas.

3.3

Acerte no mix para administrar os ciclos de vida

A maioria das empresas modernas vende um mix de produtos e serviços para diluir o risco e gerar o maior lucro possível. Empresas com apenas um produto sempre fracassam, porque os produtos têm seu ciclo de vida, como uma borboleta. Começam com uma ideia e depois fazem um protótipo. O produto ganha vida e as pessoas o compram, mas um dia ele será superado pela tecnologia, entrará em declínio e morrerá.

Pense na principal diferença entre produtos e serviços. Você faz produtos e eles ficam em uma prateleira até ser vendidos. Se não vender um deles hoje, pode vendê-lo amanhã. Um serviço, por sua vez, é baseado em tempo: se você não vender em um período de tempo, nunca poderá vendê-lo de novo. Ninguém vai comprar o quarto de hotel de ontem nem um voo para Nova York que saiu na semana passada. Entretanto, há uma semelhança importante entre eles: ambos têm vida limitada. São concebidos, nascem e acabam morrendo.

■ **Projeto.** Durante a primeira etapa, você deve projetar um produto que os clientes queiram quando você o lançar. Deve interceptar a tecnologia futura para que o produto esteja atualizado no momento do lançamento.

■ **Apresentação.** Nessa etapa, você vai vender pequenas quantidades de seu produto a um número reduzido de clientes. Durante o período de apresentação, concentre-se na qualidade do produto, para não ser atingido por muitas solicitações de devolução e arcar com futuros custos de garantia.

■ **Crescimento.** É aqui que seu produto começa a decolar. Você deve promovê-lo intensamente e ter certeza de que ele esteja disponível onde os clientes esperam encontrá-lo.

■ **Maturidade precoce.** Em algum momento, sua taxa de crescimento vai diminuir. E, se você tiver obtido êxito, outras empresas vão começar a vender produtos competitivos mais baratos do que o seu. Portanto, esteja pronto para reduzir o preço se necessário.

■ **Maturidade.** Nesse aspecto, você precisa controlar suas vendas e seus custos de marketing para obter maior lucro. Você também precisa monitorar as vendas, para conseguir enxergar os sinais da próxima etapa.

■ **Declínio e morte.** Em algum momento, seu produto não será mais lucrativo. Quando isso ocorrer, você deverá tomar a difícil decisão de retirá-lo do mercado.

Para ter sucesso nos negócios, é preciso ter um produto em cada etapa do ciclo de vida. Assim, sempre terá um novo produto para substituir um que já existe, quando este entrar em declínio. As empresas de automóveis e de telefones celulares são mestras nessa estratégia.

Uma empresa que tenha apenas um produto morre quando ele chega ao fim de sua vida. Você deve ter um mix de produtos antigos e novos para sobreviver.

3.4

Vendas de produtos em pacotes ou em componentes separados

Cada um de seus produtos deve ter como objetivo um grupo específico de clientes. Mas haverá outras pessoas no mercado que comprariam seu produto se ele fosse um pouco diferente. Para aumentar o número de clientes em potencial, você deve experimentar criar novos produtos a partir do que tem atualmente.

Você precisa ser criativo e se fazer perguntas como: "O que aconteceria se retirássemos algumas das características do produto?" ou "O que poderíamos acrescentar ao nosso produto para torná-lo diferente?" A indústria de informática é muito boa nisso, e diversos programas são lançados com várias versões.

■ **Versão gratuita.** Nível inicial de produto, com características limitadas e anúncios sem apelo. Visa aos usuários eventuais e aos que querem experimentar. Por um preço baixo, você pode suprimir a propaganda e acrescentar outras características.

> **Estudo de caso:** Os fabricantes de programas de computador são hábeis em diversificar sua linha de produtos ao vender a mesma coisa de formas diferentes. A Microsoft, por exemplo, criou três produtos separados – Word, Excel e PowerPoint –

- **Versão light.** Essa versão tem recursos adicionais e nenhum anúncio. É voltada à pessoa que trabalha por conta própria e ao usuário doméstico. Pagando um pouco mais, você pode desbloquear mais recursos a qualquer momento.
- **Versão profissional.** Visa às pequenas empresas. É mais cara do que a versão light e tem ainda mais recursos. Você pode comprá-la diretamente do fabricante ou fazer um upgrade a partir da versão light.
- **Versão para redes.** Esse é o produto com todos os recursos, voltado a empresas maiores, que precisam trabalhar em rede.

Muitas outras empresas, como fabricantes de condicionadores de ar e sistemas de calefação, lançam um produto que tem todos os recursos, reduzidos mais tarde para criar dois ou mais produtos: uma versão básica e uma versão padrão. De forma semelhante, os fabricantes de automóveis fazem modelos de "edição limitada", acrescentando características que não são oferecidas no modelo padrão e acabamento sofisticado.

Vender os produtos em pacotes ou separar componentes é uma maneira fácil, rápida e barata de gerar novos produtos. Portanto, antes de um produto sair da etapa de crescimento, você deve examinar formas de juntar ou separar componentes e criar novos produtos antes que seus concorrentes o façam.

Crie pacotes de produtos ou separe componentes para vender a diferentes grupos de clientes.

para montar o pacote Microsoft Office, que custa pouco mais do que o preço de dois deles. Isso se chama venda casada e, na verdade, é apenas uma promoção de três pelo preço de dois, para incentivar o consumidor a gastar seu dinheiro.

3.5

Associe percepção de valor a preço

O preço é uma das coisas mais difíceis de acertar, principalmente se você tiver um produto ou um serviço novo. É muito mais fácil se já existirem produtos semelhantes no mercado. Nesse caso, tudo o que você precisa fazer é decidir se o seu será mais caro ou mais barato. Você jamais deve ter o mesmo preço de seu concorrente mais próximo.

Quanto mais baixo for o preço, mais você venderá. Quanto mais alto, menos venderá. Você pode decidir vender por um preço baixo para ganhar mais participação no mercado muito rapidamente. Isso se chama precificar para penetração de mercado. Caso a oferta de seu produto seja baixa, outra possibilidade é decidir o preço para obter lucro maior. Isso se chama depurar o mercado.

1 Descubra os preços dos produtos de todos os seus concorrentes e liste-os em ordem de preço.

2 Avalie sua vantagem competitiva (veja o Segredo 3.2) e decida onde deveria se posicionar na lista. Você tem vantagem competitiva suficiente para justificar essa posição?

3 Às vezes, você pode se decidir pelo preço mais alto. Em outras palavras, um pouco acima de seu concorrente mais próximo na lista. Mas, em geral, é melhor ter preço um pouco mais baixo.

> **Minuto de reflexão:** Se quiser aumentar seus lucros, apenas suba um pouco o seu preço. Um aumento entre 5% e 10% provavelmente não vai alterar muito suas vendas, mas afetará diretamente o seu resultado final.

4 Verifique se calculou bem seu preço perguntando aos clientes em potencial. Mas tenha cuidado, porque as pessoas muitas vezes mentem ou exageram quando perguntadas sobre quanto estão dispostas a pagar por um determinado produto.

5 Calcule que lucro terá ao vender seu produto por esse preço. Se não for suficiente, você precisa acrescentar mais valor (veja o Segredo 3.7).

Você também pode decidir que o preço mais elevado vai ser sua forma de se apresentar no mercado, mas seu cliente tem que acreditar que está comprando um produto de qualidade ou raro. Isso funciona particularmente bem nos setores de moda e de beleza, nos quais não há razão para um perfume de aparência cara ter um preço ridiculamente barato. As pessoas simplesmente não acreditarão nele e provavelmente pensarão que se trata de uma falsificação, uma armadilha ou um truque.

Lembre-se de que preço é aquilo que o cliente paga por seu produto, e valor é o que ele acha que o produto vale. Você sempre tem que tornar o valor maior do que o preço.

Preço nada tem a ver com custo. O preço está relacionado a quanto o cliente se dispõe a pagar por um determinado produto.

3.6

Use os descontos e a garantia com sabedoria

Descontos são muito mais do que apenas redução de preços para fazer andar estoques antigos ou encalhados. Também são uma ferramenta promocional que se usa para incentivar as pessoas a comprar agora, e não mais tarde, ou a comprar mais.

■ **Desconto introdutório.** Use um desconto para incentivar novos clientes a experimentar e comprar seus produtos. Isso se faz muitas vezes por meio de empresas de venda por correio e pela internet, que dão ao cliente um desconto na primeira compra. É de fácil execução, porque a empresa terá o endereço de entrega do cliente e pode facilmente saber se ele voltará a comprar.

■ **Dois por um.** Às vezes, uma empresa oferece dois produtos em um pacote pelo preço de um. Isso é simplesmente a estratégia de fornecer uma amostra grátis. Assim, ao adquirir seu xampu normal, o comprador recebe um creme facial grátis. Espera-se que ele goste e volte a comprar o creme.

■ **Pontos por fidelidade.** Você pode recompensar os atuais clientes por sua fidelidade. Esses programas usam um sistema que dá brindes

> **Minuto de reflexão:** Existe alguma empresa cujo produto seja complementar ao seu e, portanto, possa ser oferecido com ele? Você pode oferecer o pacote com um desconto. Essa estratégia funciona tanto para venda a empresas quanto para o consumidor final.

segundo o número de pontos que o cliente acumula. O Air Miles é um clássico programa de fidelidade, assim como o Holiday Inn Priority Club. Atualmente, algumas empresas de cartão de crédito oferecem programas semelhantes, com devolução de dinheiro ou descontos de acordo com a quantia gasta a cada mês.

■ **Descontos por tempo limitado.** Esses sistemas forçam as pessoas a comprar imediatamente e não deixar para mais tarde. A venda de fim de estação é o exemplo clássico, assim como os tíquetes ou cupons que vão sendo carimbados ao longo do tempo. Outra variante desse sistema é o vendedor que diz: "Posso lhe conseguir 10% de desconto se você comprar hoje".

■ **Venda em quantidade.** A tática de venda em maior quantidade incentiva o cliente a gastar mais dinheiro. "Três pelo preço de dois" é uma versão moderna dos 20% de desconto se você gastar mais do que 50 reais.

Embora ajudem a vender mais, esses sistemas afetam sua margem de lucro. Sendo assim, antes de implementá-los, você deve estimar as vendas adicionais e o impacto sobre seus lucros.

As empresas de pedidos por correio e internet sempre oferecem garantia de devolução do dinheiro sem discussão, já que isso elimina o risco para os clientes. Elas sempre oferecem descontos e têm que assumir os riscos dos clientes, mas podem repassar o produto a uma empresa especializada em vender devoluções.

Você também deve refletir sobre o impacto da garantia que oferece no contrato e qualquer oferta de devolução de dinheiro. Nenhum produto é 100% perfeito, e você sempre terá algumas falhas. Muitas vezes é mais barato e melhor para sua reputação substituir sem questionamentos produtos insatisfatórios do que tentar consertá-los, mas qualquer custo atingirá seu resultado final.

Os descontos são uma forma excelente de incentivar as pessoas a experimentar seu produto e continuar com você, mas devem ser usados com parcimônia.

3.7

Observe o valor agregado e a agregação de valor

Muitas pessoas confundem a diferença entre valor agregado e agregar valor. Ambos têm a ver com o modo como você aumenta o valor de seus produtos, mas funcionam de formas diferentes.

Usamos a palavra valor em vez de preço por ter relação com o que o cliente pensa. Uma forma simples para entender isso é se lembrar de que preço é o que o cliente paga, e valor é o que ele acha que algo vale.

- **Valor agregado (*added value*).** Aumenta o valor percebido. Geralmente pode-se aumentar o valor de um produto com custo mínimo, por meio de melhor apresentação ou de pequenos adicionais. Seu objetivo é fazer o cliente sentir que o produto tem mais valor.
- **Agregar valor (*value added*).** Essa expressão é usada quando tanto o valor quanto o preço reais são aumentados. Você, ou um terceiro, acrescenta algo mais a seu produto, o que realmente aumenta o preço e, portanto, o valor.

Valor agregado não significa aumento de preço, mas criar uma vantagem competitiva. Por exemplo, a Emirates Airways aumentou o valor percebido de seus voos quando acrescentou conexões para som e TVs individuais em todos os assentos.

> **"O valor que a Amazon agrega não tem a ver com o que entrega, e sim com sua tecnologia de informática. Ela sabe mais sobre as preferências pessoais de 20 ou 30 milhões de clientes do que o estabelecimento do bairro costumava saber sobre uns poucos."**
>
> **Andrew Grove, ex-diretor-executivo da Intel**

Era a única companhia aérea em que os passageiros podiam escutar e assistir ao que quisessem. Da mesma forma, a Hyundai foi a primeira fabricante de automóvel a dar garantia de cinco anos. As duas empresas aumentaram o valor percebido de seus produtos.

No caso de se agregar valor, por outro lado, geralmente é outra empresa que acrescenta algo a seu produto para vender como algo mais. A indústria faz muito disso. Por exemplo, uma empresa que faz geradores acrescenta uma subunidade, como um motor, e inclui outras subunidades para criar um grupo gerador com motor automatizado. Empresas que fabricam dispositivos médicos para hospitais fazem exatamente a mesma coisa com computadores, impressoras e sensores.

Em alguns setores, como o editorial, há pessoas que também fazem isso para ganhar dinheiro. São conhecidos como vendedores de pacotes. Fazem um projeto e o vendem a uma editora. A seguir, encontram um autor, um ilustrador e um capista que vão criar o livro sob sua orientação. Com efeito, agregaram o valor das diferentes habilidades de cada um dos participantes.

Você deve ficar alerta a coisas simples que podem ser adicionadas a seus produtos para criar valor agregado. E precisa prestar atenção em outras empresas que tenham potencial para, partindo de seu produto, criar outro, agregando valor.

Gerar valor agregado e agregar valor são formas fáceis de fazer seus produtos se destacarem dos de seus concorrentes.

3.8

Crie embalagem e design excelentes

As pessoas fazem avaliações com base na aparência do produto que você oferece. Ele pode parecer barato e de baixa qualidade ou um produto caro. A forma, a cor e o design podem fazê-lo parecer sexy, moderno ou antiquado. Os fabricantes de perfumes sabem disso melhor do que ninguém e gastam mais no frasco e na embalagem do que para fazer a fragrância propriamente dita.

Se você vende em uma loja, a posição de seu produto na prateleira e a aparência de sua embalagem são incrivelmente importantes. Esses dois fatores dizem ao cliente potencial a qualidade de seu produto e que tipo de empresa é a sua.

Se você vende pela internet ou pelo correio, o importante é a aparência de sua página ou de seu catálogo. A qualidade do papel e o padrão das fotografias transmitem uma mensagem ao comprador. Chamamos esses elementos de tangíveis. Se você vende um serviço, seus tangíveis são a forma como atende o telefone, a rapidez com que responde a consultas, a aparência de suas instalações e de seus folhetos.

Suponhamos que você peça a três pedreiros que venham a sua casa para orçar um serviço. Se o primeiro chegasse em uma velha van enferrujada, o segundo, em uma caminhonete bacana, e o terceiro, em um Porsche, qual você contrataria?

> **Minuto de reflexão:** Tire fotos de suas instalações e de seus produtos. Mostre a amigos e pergunte o que eles acham da empresa. Peça a um amigo que telefone para sua empresa e faça uma pergunta simples sobre algo como preços. Depois, pergunte o que ele achou e como a consulta foi tratada.

A maioria das pessoas escolheria o que chegou na caminhonete com aparência profissional.

■ **Apoie os valores de sua marca.** Embora seja bom fazer que seu produto, sua embalagem e seus tangíveis pareçam diferentes dos de seus concorrentes, é essencial fazê-los apoiar os valores de sua marca.

■ **Não afaste prováveis clientes.** Ao ver seu produto pela primeira vez, as pessoas geralmente estarão na etapa da preferência. Certifique-se de que elas não tenham razão para eliminá-lo das opções.

A cor de sua embalagem também fala sobre você ao comprador. Embora haja algumas diferenças culturais, o azul costuma sugerir sabedoria, confiança e estabilidade; o vermelho, energia, paixão e poder; o roxo, sabedoria, realeza e sofisticação; e o marrom, simplicidade, conforto e durabilidade.

O estilo da linguagem que você usa em seu material promocional, cartas e e-mails também diz muito a seu respeito. Se usar linguagem confusa, com palavras longas e frases complicadas, vai parecer que está escondendo alguma coisa e pode até dar a impressão de que é sorrateiro e desonesto.

As pessoas julgam a qualidade do seu produto pela embalagem e pela sua aparência e a de suas instalações.

3.9

Rotule para atingir novos mercados

Algumas empresas se expandem para novos mercados parecendo criar produtos novos. Na realidade, tudo o que fizeram foi juntar ou separar os elementos de um produto que já existia, para vendê-lo como uma nova marca. Ou compraram o produto de outra empresa e o rotularam como seu.

Um exemplo clássico dessa abordagem foi a Thorn-EMI nos anos 60 e 70. A empresa era a maior fabricante de televisores no Reino Unido e estava entre as dez maiores do mundo. Também tinha meia dúzia de redes de lojas em locais sofisticados na Grã-Bretanha, com diferentes marcas. A empresa incentivava as lojas a competir e vendia os mesmos televisores com diferentes apresentações, como Radio Rentals, Reddifusion, Ferguson, Decca e HMV.

As empresas de alimento para animais de estimação e as fabricantes de ferramentas agem da mesma forma. Elas fabricam duas ou três linhas de produtos semelhantes e costumam vendê-las com marcas diferentes. Uma visa aos consumidores; a outra, aos usuários profissionais, como os da construção, no caso das ferramentas, e os criadores de animais, no caso das rações. Elas assumiram essa postura porque a marca original tem imagem e reputação que não são adequadas ao mercado profissional.

No setor de computadores, empresas como a Dell compram monitores prontos de um fabricante chinês e colocam seu rótulo ou

> **Minuto de reflexão:** Inverta essa ideia e veja se consegue encontrar outra empresa que assumiria seu produto e o rotularia como dela. Apenas se certifique de que não vai competir de frente. Muitas vezes, a melhor maneira é escolher uma empresa em um mercado geográfico completamente diferente.

sua marca no produto. O mesmo monitor costuma receber a marca de diferentes empresas do setor. Apenas a marca do fabricante original na parte de trás denuncia a estratégia. Às vezes, chamamos a este de *Original Equipment Manufacturer* (OEM).

Na Europa, muitos dos grandes varejistas do ramo alimentício solicitam aos fabricantes de determinados alimentos e bebidas que os produzam como se fossem produtos de sua marca própria. Eles costumam ter qualidade inferior em relação à do produto original e são colocados em embalagens de menor custo para posicioná-los como alternativas mais baratas. São conhecidos como produtos de "marca própria" e atualmente representam um elemento importante dos lucros gerais do varejista.

Pense nessa abordagem para seu negócio. Veja se consegue encontrar outro produto que não faça concorrência direta com o seu e depois cogite colocar seu rótulo nele ou criar uma marca nova em uma nova área de mercado.

Muitas empresas bem-sucedidas criam produtos diferentes e colocam marcas distintas para competir entre si e aumentar as vendas em geral.

Capítulo 4
Observe onde as pessoas compram

Praça é o terceiro dos quatro "Pês" em marketing – aonde os clientes vão para comprar seus produtos. As fronteiras tradicionais foram rompidas e, hoje, praça pode significar muito mais do que lojas e vendedores. Muitas oportunidades se abriram em termos de praça e, usando a internet, pode-se vender a qualquer pessoa no mundo. Parece simples, mas não é. Colocar seu produto em frente a um comprador potencial é uma questão complexa.

4.1

Pense além das estruturas físicas

Do século passado até bem pouco tempo, costumava-se comprar um bem de consumo em uma loja ou de um catálogo postal. Da mesma forma, as empresas compravam de vendedores ou de representantes comerciais. Atualmente, contudo, não existem regras sobre onde e de quem comprar.

Ao vender um produto, você deve usar o maior número de pontos de venda possível, para que o cliente tenha facilidade de comprá-lo de você.

■ **Vendas por correio.** Pode ser eficiente para empresas e mercados consumidores. Hoje, os clientes enviam um pedido pelo correio, pedem por telefone ou fazem o pedido pela internet.
■ **Catálogos.** As pessoas entregam catálogos nas casas e nas empresas para todos os tipos de área de produtos. O cliente pede por telefone, pela internet ou por um representante que liga alguns dias depois para recolher o catálogo.
■ **Anúncio de venda casada.** Essa é uma área especializada da propaganda, que reúne um ou dois produtos em um anúncio. O cliente pede pelo correio ou pelo telefone.
■ **Representantes de vendas.** São profissionais autônomos que visitam lojas para vender os produtos. São pagos por comissão a cada vez que vendem um de seus produtos e os entregam diretamente ao cliente.

"Sou o pior vendedor do mundo, então tenho que facilitar a compra para as pessoas."

F. W. Woolworth, fundador da Woolworth

- **Vendas em domicílio.** Significa vendedores trabalhando em uma van, visitando casas para vender produtos como comida, artigos para limpeza, ferramentas e peças de reposição para automóveis.
- **Feiras temáticas.** Muitos produtos têm suas feiras especializadas, como os setores de alimentação e de casamentos. Nelas, pode-se alugar um estande e mostrar os produtos como se faria em uma loja.
- **Grupos de compras.** Empresas que se agrupam para reunir itens de compra, como material de escritório, mediante um desconto. Podem operar na internet.
- **Lojas na internet.** Empresas como a Amazon vendem somente pela internet; outras usam a loja virtual para ampliar seu alcance geográfico.
- **Telefones celulares.** Em algumas partes da Europa e no Extremo Oriente, podem-se comprar passagens de trem e de ônibus, bem como tíquetes de estacionamento, pelo celular.
- **Páginas de leilão pela internet.** Muitas pessoas que trabalham em casa, para as lojas do eBay, obtêm vendas superiores a 500 mil dólares por ano.

Embora não seja completa, essa lista mostra que há muitas maneiras de você chegar a seus clientes em potencial, sejam eles empresas ou indivíduos. Sua imaginação é o único limite.

Há muitas maneiras de se chegar aos clientes, então não se limite a um, dois ou três lugares.

4.2

Identifique aonde seus clientes irão

No fim das contas, não adianta ter o melhor produto do mundo se os clientes não puderem chegar a ele. Portanto, você deve refletir sobre onde eles vão comprá-lo. Pergunte a si mesmo: precisam comprá-lo localmente, porque querem tocar e ver antes de decidir? Ou será que ficarão satisfeitos comprando pela internet, mesmo estando em outro país?

No Segredo 4.1, examinamos alguns dos lugares a partir dos quais as pessoas podem comprar de você, mas o que realmente importa são a preferência e a conveniência. Imagine que você faça produtos de segurança para o lar – cadeados, trincos e fechaduras. Onde seus clientes esperam comprar seus produtos: em uma pequena loja independente, em uma cadeia nacional de ferragens, em uma empresa de segurança, em um catálogo ou pela internet? A resposta é: provavelmente em todos os lugares.

O que você deve fazer é perguntar a seus clientes o que eles preferem, e realizar uma pesquisa é uma das melhores maneiras de fazer isso. Se a estruturar com cuidado, você terá dois tipos de informação.

■ **Dados quantitativos.** São os fatos – o número de pessoas que responderam sim ou não a uma determinada pergunta. Assim, por exemplo, você pode descobrir qual porcentagem de pessoas preferiria comprar pela internet.

"Nenhuma grande decisão de marketing foi tomada apenas com base em dados quantitativos."

John Scully, guru de negócios americano

■ **Dados qualitativos.** São pensamentos, sentimentos e comentários. As respostas a essas perguntas lhe dizem por que os clientes tomaram suas decisões. Assim, por exemplo, os dados qualitativos lhe mostrarão as razões que os levam a comprar pela internet.

Os problemas surgem quando você se apoia apenas em dados quantitativos. Portanto, um cliente pode comprar pela internet, mas somente depois de ter visto seu produto em uma loja. Você obterá essa informação com uma pesquisa presencial, e não com o preenchimento de formulários.

Sempre que você fizer uma pesquisa, deve conduzi-la em duas partes. Em primeiro lugar, faça a pergunta sim/não para obter os dados quantitativos. Analise-os e decida quais informações sobre os dados você precisa esclarecer mais. A seguir, você deve fazer uma série de entrevistas presenciais para obter os dados qualitativos. Depois, terá o quadro completo e poderá avaliar o que deve fazer.

Você precisa descobrir onde seus clientes preferem comprar, e isso muitas vezes é mais fácil de dizer do que de fazer.

4.3

Vários canais vão levá-lo até o cliente

Muitas pessoas acham que, se você criar um bom produto, todas as lojas vão implorar para vendê-lo. Nada pode estar mais longe da verdade. Geralmente, elas já têm muitos produtos nas prateleiras e relutarão em receber algo novo e não testado.

As grandes lojas não gostam de ter muitos fornecedores e resistem à ideia de acrescentar mais um. Portanto, costuma ser melhor abordar um fornecedor cadastrado que esteja disposto a inserir seu produto na linha dele. Mas, é claro, ele vai querer uma porcentagem.

É difícil fornecer a pequenas lojas independentes, a menos que você tenha pessoal que possa visitar cada uma regularmente. Algumas empresas fazem isso com uma equipe de vendedores que reabastece o estoque da loja mais ou menos uma vez por semana, mas a maioria vende a um atacadista ou um distribuidor, que fornece o produto às lojas locais.

As lojas especializadas compram de representantes de vendas ou em feiras comerciais. Os representantes são especializados em um determinado tipo de produto, como presentes. Você terá dificuldade de encontrar um bom representante que esteja disposto a colocar seu produto à frente de uma meia dúzia que ele já vende. Esses profissionais vão querer direitos exclusivos em uma área ou um território, e você terá que dar à loja um *display* para apresentar seu produto da melhor forma.

"Os canais podem ser considerados como conjuntos de organizações independentes dedicadas a disponibilizar um produto ou serviço ao consumidor."

Louis Stern, banqueiro de investimentos americano

Se você quiser ter êxito, deve ter um mix de diferentes pontos e métodos de venda. O pessoal de marketing os chama de canais, e todo mundo na cadeia de venda vai querer uma porcentagem. Você também vai ter que trabalhar um pouco.

- **Estimule a passagem de seus produtos pelo canal.** Você deve promover continuamente seu produto ao distribuidor ou representante. Lembre-se de que ele tem outros produtos para vender além do seu.
- **Faça de seu canal uma atração para o produto.** Você deve promover seus produtos a clientes em potencial e informá-los quais distribuidores e pontos de venda os têm em estoque.
- **Administre os participantes dos canais.** Você deve chegar a um acordo sobre nível de vendas e monitorá-lo. Dê incentivos para que os vendedores vendam mais em certas épocas do ano e avise que pretende fazer uma campanha para promover o produto.

O mercado empresarial é parecido, exceto pelo fato de que as empresas tendem a mesclar vendedores diretos, catálogos e pontos de venda de varejo.

Você deve identificar, administrar e monitorar a rede de pessoas e empresas que vão colocar seu produto nas mãos do consumidor.

4.4

Use vendedores silenciosos

O correio é uma maneira muito boa para vender a clientes que você normalmente não conseguiria alcançar. Hoje, essa abordagem é usada tanto no mercado de consumidores como no empresarial. Também é uma ótima maneira de informar seus clientes sobre ofertas especiais e novos produtos.

Se você tiver quantidade suficiente de produtos próprios, pode criar seu catálogo de venda por correio, mas isso é raro e demanda especialistas. Muitas empresas de publicidade criam bancos de dados de produtos e elaboram catálogos de vendas por correio. Você vai precisar do banco de dados para administrar preços e reduzir custos quando criar sua próxima versão do catálogo, o que acontece, pelo menos, a cada três meses.

A maioria das empresas convence uma empresa de vendas por correio a oferecer seu produto da mesma forma como faz com uma loja. Em muitos aspectos, é como a propaganda. Você terá que fornecer fotografias e pagar para estar bem posicionado no catálogo.

Estudo de caso: A operação de um negócio de catálogo de vendas por correio é muito especializada e requer muito tempo e esforço. Por exemplo, as Lakeland Stores, no Reino Unido, têm um catálogo para cada grupo de produto – cozinha, limpeza, presentes, e assim por diante. Cria

"Cada palavra, frase ou fotografia em seu catálogo deve ter um propósito específico: levar o cliente em potencial à página de pedidos." Anônimo

Muitas empresas de vendas por correio não armazenam produtos, transferem os pedidos às empresas que os fabricam para que estas façam a entrega diretamente ao cliente.

Em alguns países da Europa, as empresas usam representantes em meio expediente para entregar e recolher catálogos em domicílios e pequenas empresas. Esses representantes também encaminham pedidos e entregam os produtos aos clientes cerca de uma semana depois, recebendo uma comissão sobre as vendas que efetuam.

Algumas indústrias também usam pequenos catálogos como complemento de seu pessoal de vendas diretas. Você pode fazer a mesma coisa com apenas uma folha de papel ou dobrá-la na metade para criar quatro páginas. Seus vendedores podem deixá-la com o cliente, que fará o pedido por telefone, fax ou internet.

Você também pode enviar cartões-postais baratos a seus clientes atuais para que comprem produtos em oferta especial. Apenas se certifique de informar aos participantes de seu canal que está fazendo isso.

As vendas por correio e por catálogo são uma área especializada, mas pode-se fazer uma versão resumida por conta própria.

regularmente novas versões deles, com ofertas especiais, de modo que o cliente receba catálogos novos com intervalo de apenas algumas semanas. Porém, a menos que você já tenha experiência em vendas por correio, não vale a pena fazer por conta própria.

4.5

Acrescente associações de afiliados

A venda por meio de afiliados é uma expressão cunhada por empresas de internet, mas o conceito já existia há algum tempo de forma um pouco diferente. Chama-se comissão de vendas ou compartilhamento de receita. A ideia é pagar a um terceiro a cada vez que ele apresente um cliente a sua empresa.

Com um sistema de afiliados, o terceiro não faz a venda de seus produtos propriamente dita, mas promove sua empresa e lhe indica clientes em potencial. Em muitos aspectos, é como a propaganda. Você pode pagar à outra parte uma pequena quantia a cada consulta (conhecida como comissão por indicação) ou a cada vez que você fizer uma venda em função da indicação do terceiro (conhecida como comissão por venda).

■ **Participação em grupos.** Câmaras de comércio, clubes de golfe e programas de milhagem sempre precisam adicionar valor ao que oferecem a seus membros. Uma forma de fazer isso é oferecer desconto em um determinado produto. Na prática, a empresa que faz o produto

---

Estudo de caso: Uma pequena companhia de seguros do Reino Unido doa 1 libra a uma entidade beneficente que ajuda cegos cada vez que um cliente pede um orçamento pela

está pagando uma comissão nominal à organização do grupo nesse tipo de negócio, mas nenhum dinheiro realmente troca de mãos.

■ **Outras empresas.** Pense em outras empresas que vendam um tipo diferente de produto a seu grupo-alvo de clientes. Você pode convencê-las a inserir, na página delas na internet, algumas informações sobre os seus produtos. Ou ambas podem fazer uma campanha promocional conjunta na qual oferecem os dois produtos em um pacote, com desconto. Você pode usar panfletos ou propaganda como ferramenta de promoção.

■ **Seus fornecedores.** Os fornecedores com que você trabalhar terão a própria base de clientes. Sendo assim, por que não os tratar como um grupo e lhes oferecer desconto em seus produtos? Outra possibilidade é sugerir uma promoção conjunta com os clientes deles.

■ **O setor beneficente.** As entidades beneficentes e as boas causas podem acrescentar um elemento ético a seu produto. Se houver necessidade de optar entre dois produtos semelhantes, algo em torno de 85% das pessoas vão escolher aquela que apoia uma entidade beneficente. As entidades que trabalham com crianças são as preferidas. Para promover seu produto em conjunto com uma entidade dessa natureza, você precisa doar algum dinheiro cada vez que vender o produto ou tiver uma consulta sobre ele.

Marketing é questão de oportunidade. Você deve ter a mente aberta e aproveitar qualquer chance de fazer contato com seus clientes em potencial. O sistema de afiliados, ou compartilhamento de receita, é um deles (veja também o Segredo 6.7).

Marketing tem a ver com inovação, e você deve explorar todos os métodos para chegar a seus clientes em potencial.

internet ou por meio de um de seus representantes. Desde que começou a promover esse sistema, a empresa teve aumento de 15% nos pedidos de orçamento e de 8% nas vendas.

Capítulo 5
Elabore seu mix promocional

Promoção é o quarto e último "P" do marketing e é o lado atraente dos negócios. Há centenas de maneiras para promover uma empresa e seus produtos, e você precisa criar um mix promocional. Devem ser usadas várias estratégias, por isso o que você tem a fazer é escolher o método adequado aos clientes em cada etapa do processo de compra. Você precisará conceber, administrar e monitorar muitas atividades promocionais.

5.1

Atire com um rifle, não com uma metralhadora

Ninguém consegue promover um produto a todas as pessoas. Você simplesmente não terá dinheiro suficiente para isso. E, de qualquer forma, tenha em mente que a maioria das pessoas nunca vai comprar seu produto e que muitas não vão querer comprá-lo no momento.

A chave para a promoção é usar seu dinheiro de forma sábia. A regra é atirar com um rifle, não com uma metralhadora. Faça a si mesmo três perguntas:

1 O que os meus clientes em potencial leem, assistem ou ouvem? Para descobrir, você terá que perguntar a eles ou pode pesquisar em várias listas de veículos de comunicação e verificar seu público-alvo.

2 Que outros produtos meus clientes em potencial compram? A questão, nesse caso, é descobrir para onde direcionar sua propaganda. Se você vende carros de luxo, por exemplo, pode colocar anúncios em uma publicação de golfe ou cartazes em um clube de golfe.

3 Como vou reconhecer quando eles estiverem tentando comprar? Isso é mais difícil, mas você deve se lembrar de que não pode usar o mesmo material promocional em todas as etapas de compra (veja o Segredo 2.3).

"Metade do dinheiro gasto em propaganda é desperdiçada; o problema é não saber qual metade."

Lorde Leverhulme, industrial britânico do início do século XX

Durante a primeira etapa do processo de compra, você deve se certificar de que os clientes o conhecem. Use propaganda para divulgação e inclusão em listas, como as *Páginas Amarelas*, e se lembre de que, a menos que venda seu produto em todo o país, você vai desperdiçar dinheiro anunciando-o em jornais de circulação nacional. Na verdade, cada jornal e cada revista têm como alvo um determinado tipo de leitor, e você deve associar isso ao trabalho que fez para determinar seu cliente ideal (Segredo 2.2).

Mesmo que distribua panfletos a pessoas que passam na rua, você deve ser seletivo. Retome os aspectos demográficos de seu cliente ideal e só entregue panfletos às pessoas que pareçam ter a idade adequada.

No Segredo 2.4, observamos quantas pessoas podem estar envolvidas em uma compra e como elas querem tipos distintos de informação. As pessoas mais técnicas não precisam ou não querem seu folheto corporativo e, muitas vezes, as pessoas que realmente têm o dinheiro não querem saber a especificação técnica de seu produto.

Da mesma forma, se você fizer uma mala direta, verifique se as empresas às quais a enviará ainda estão no mesmo endereço ou se mudaram. E, caso se dirija a elas pelo nome, certifique-se de usar a grafia correta. Poucas coisas incomodam mais os clientes em potencial do que errar seus nomes.

Não jogue dinheiro fora promovendo produtos a todas as pessoas; concentre seus esforços naquelas que estão dispostas a comprar.

5.2

Capte a atenção deles

Toda peça promocional tem a ver com comunicação. Você diz algo sobre sua empresa, seus produtos e o que você representa para o público de seu mercado e espera que essas pessoas deem algum retorno. Mas hoje as pessoas parecem estar sempre com pressa. O tempo delas é limitado, por isso, se você não captar a atenção e mantiver o interesse delas no que você está dizendo, vão seguir adiante rapidamente.

Os profissionais de marketing usam uma lista de itens, conhecida como AIDA, para auxiliá-los em qualquer peça de comunicação que criam. Não importa se é uma carta, um e-mail, um anúncio, um folheto ou um *spot* de rádio – as mesmas regras se aplicam.

■ **A = Atenção.** Você provavelmente estará interrompendo seu público-alvo, de modo que deve captar a atenção dele e fazê-lo escutar o que tem a dizer. Pode ser uma manchete, uma fotografia ou um *jingle*.

■ **I = Interesse.** Depois de captar a atenção das pessoas, precisa atraí-las. Deve dizer algo que lhes interesse e que mantenha a atenção delas naquilo que você está dizendo.

> **Minuto de reflexão:** Examine um de seus folhetos e se pergunte: a capa me faz querer abrir e olhar o conteúdo? Se não, você quebrou as duas primeiras regras – de que deve captar a atenção das pessoas e manter seu interesse.

■ **D = Desejo.** Essa é a parte mais difícil, mas você deve criar e potencializar o desejo das pessoas por sua oferta, seu produto e sua empresa. Pense na expressão "vender o cheiro, e não a comida".

■ **A = Ação.** Você vai ter uma razão para falar com elas, e elas precisam saber o que você quer que elas façam. Caso contrário, dirão "e aí?", e você desperdiçará dinheiro. Você quer que elas se lembrem de seu slogan, visitem sua página na internet, telefonem para você e comprem seu produto.

Não importa muito com quanto cuidado você redigiu sua peça promocional ou quanto a considera maravilhosa. O que realmente importa é o que seu público-alvo acha e se ele vai fazer o que você quer. Você deve experimentar sua peça promocional com uma parte do público-alvo e avaliar o resultado. Implemente uma pequena amostra e veja o que acontece; faça algumas mudanças e volte a implementá-la. O mantra do marketing para a promoção é "testar, testar e testar".

Promoção tem a ver com comunicação. O mais importante é o que você diz, como o diz e o que espera que seus clientes em potencial façam.

5.3

Faça marcação cerrada

Promoção não é só questão de propaganda e folhetos, e temos muitas outras ferramentas à mão para colocar em prática. Na verdade, você deve estar preparado para usar qualquer ferramenta que esteja à sua disposição para criar o mix promocional correto para lidar com os clientes em potencial, em qualquer situação que se apresentar.

Para começo de conversa, tudo o que você precisa fazer é escolher uma ou duas das ferramentas promocionais em seu arsenal. Apenas tenha certeza de que elas são adequadas àquela etapa do processo de compra.

1 **Etapa de necessidade ou desejo.** Você deve fazer seu público-alvo conhecer sua marca e o que sua empresa faz. Use propaganda para divulgação, cartazes, mala direta, listas, posicionamento em mecanismos de busca, concursos, brindes, patrocínio e releases de imprensa. Continue repetindo sua mensagem, pois as pessoas esquecem com facilidade.

2 **Etapa de conhecimento.** Nesse momento, você deve dar informações suficientes para que seus clientes em potencial tomem decisões fundamentadas. Use propaganda, folhetos, boletins, releases, impressos com informações factuais, feiras comerciais e exposições, seminários, sua página na internet e seu blog.

> **"O que realmente faz os clientes decidirem comprar ou não comprar é o conteúdo do seu anúncio, e não a forma."** David Ogilvy, guru da propaganda

3. Etapa da preferência. Nesse momento, você quer que o público escolha seu produto em detrimento do de seus concorrentes. Use folhetos corporativos, feiras e exposições comerciais, testemunhos, estudos de caso, garantia de devolução do dinheiro, teste grátis e outros sistemas-piloto para o público correr menos riscos.

4. Etapa de compra e justificativa. Esse momento está diretamente relacionado a fazer com que os clientes comprem agora. Portanto, use descontos por tempo limitado, empréstimo a juro baixo e cupons de desconto para incentivar o público a não adiar a decisão por muito tempo.

Seu propósito em cada etapa é dar informação suficiente apenas para que os clientes avancem para a etapa seguinte. Na fase final, você tem apenas um objetivo: fazê-los comprar seu produto agora.

Lembre-se de que a propaganda pode assumir duas formas. A propaganda para divulgação visa fazer sua marca entrar na mente do cliente. Mas, na etapa de conhecimento, você deve usar uma propaganda mais detalhada para oferecer uma boa quantidade de informação sobre seu produto e sua empresa.

Você deve escolher o mix de ferramentas promocionais adequado para cada etapa do processo de compra, para fazer seus clientes em potencial avançarem para a fase seguinte.

5.4

Elabore cartazes e propaganda

A maior parte da propaganda diz respeito a como você constrói o conhecimento sobre a sua empresa e seus produtos. Seu objetivo é fazer que as pessoas se lembrem de você ou queiram saber mais. A exceção é a propaganda destinada a vender seu produto pelo correio, diretamente da página de uma revista.

Você pode fazer propaganda em muitos meios de comunicação diferentes, incluindo a mídia impressa, a TV ou o rádio. Pode usar cartazes, cartões-postais, distribuir panfletos, cartas ou usar banners em páginas na internet. Infelizmente, hoje as pessoas são bombardeadas com propaganda – estima-se que os americanos vejam, em média, cerca de 300 peças publicitárias por dia. Considerando esse dilúvio de informações e mensagens, você precisa criar algo realmente digno de ser guardado na memória se quiser se destacar na multidão.

Um slogan é uma das melhores formas de fazer isso, principalmente se estiver usando cartazes, com os quais se costuma ter menos de um segundo para captar a atenção do público. Os melhores slogans vêm de um momento "eureca!" ou de uma sessão de *brainstorming* com seus colegas.

■ **Faça algo impressionante.** Produza alguma coisa que o diferencie da concorrência e "grude" na mente das pessoas. Pense em *Just do it*, da Nike; e em *Vorsprung durch Technik*, da Audi.

"Faça coisas simples. Coisas para serem lembradas, convidativas ao olhar, divertidas de se ler."

Leo Burnett, executivo de propaganda

- **Faça algo inesquecível.** Uma boa forma de fazer as pessoas se lembrarem é dar ritmo ao seu slogan. Você também pode fazer uma rima. Pense em *Beanz Meanz Heinz*, da Heinz; e em "*Zoom zoom*", da Mazda.
- **Faça algo que diga o que você faz.** Tente fazer um slogan que descreva um benefício, para que ele diga diretamente a que veio. Entre os exemplos disso, estão *We try harder*, da Avis; e *The ultimate driving machine*, da BMW.
- **Faça algo incomum.** Não precisam ser palavras, pode ser um som, uma forma ou uma imagem. A maioria das pessoas conhece o formato de uma garrafa de Coca-Cola e o tom da Nokia, quer usem esses produtos, quer não.
- **Faça-o emocionante.** Você deve fazer as pessoas se sentirem felizes e acolhidas, e não tristes e indiferentes. Pense na propaganda de Jack Daniel's Tennessee Whiskey e no slogan "bom de lamber os dedos," da KFC.
- **Faça-o estar em toda parte.** Você deve colocar seu slogan em qualquer comunicação. Na placa do lado de fora do seu prédio, no rodapé de todas as cartas e e-mails que enviar e na embalagem de seu produto.

É de seu interesse que as pessoas lembrem seu nome. Portanto, associe-o a um slogan ou frase de fácil memorização. Assim, todos vão se lembrar de você.

Use um slogan ou uma frase fácil de lembrar para se destacar da multidão e fazer as pessoas se lembrarem de você.

5.5

Use a mídia

Um dos melhores usos para mídia impressa, rádio e televisão está em educar seu mercado em relação aos benefícios de seus produtos. Isso se aplica particularmente se você vender serviços clássicos, como contabilidade, assessoria jurídica, treinamento ou consultoria.

Afinal, a maioria das pessoas acredita no que sai na imprensa. Como consequência, as reportagens servem para aumentar muito sua credibilidade e seu status. Além disso, irão ajudá-lo a construir uma relação com seus clientes em potencial e não custa muito dinheiro. O lado negativo de usar esse tipo de mídia é o fato de ser quase impossível controlar a imprensa.

Releases e artigos de opinião são formas excelentes de informar clientes em potencial enquanto eles estão na etapa de conhecimento do processo de compra. Muita gente arranca reportagens de jornal e as guarda. Um release deve ter uma ou duas páginas e deve ser datado e escrito em espaço duplo. Também precisa ter valor de notícia; caso não tenha, você precisa criar uma. A forma clássica de gerar valor de notícia é fazer uma pesquisa sobre o que as pessoas acham de alguma coisa e depois divulgar os resultados na forma de release.

■ **Lide.** O primeiro parágrafo do release deve cobrir a história toda em 50 a 100 palavras. A maioria das pessoas é preguiçosa, e os jornalistas não são diferentes. Assim, mantenha a abertura limitada ao mínimo de texto que você gostaria de ver impresso.

> **Minuto de reflexão:** Quando foi a última vez que você enviou um release à imprensa? Até a menor empresa deveria fazê-lo três vezes por ano, e as companhias maiores, duas ou três vezes por mês. Ele diz que você está ativo no mercado. Reserve um tempo para planejar isso.

- **Detalhamento.** Traz mais detalhes sobre a história. Deve cobrir em profundidade cada uma das cinco perguntas: "quem, o quê, quando, por que e onde".
- **Aspas.** Aqui se coloca uma citação do proprietário de sua empresa ou de alguém já mencionado na história.
- **Informações gerais.** É justamente o que diz: mais sobre a história. Portanto, não deve ter informações sobre a empresa nem sobre seus produtos.
- **Informações à imprensa.** No último parágrafo, você deve explicar mais sobre sua empresa, sua história e seus produtos. Aqui também é importante inserir informações de contato, incluindo seu nome, o endereço e o número de telefone da empresa.

Se tiver uma ideia para um artigo de opinião, deve redigir uma sinopse e telefonar ao editor para vender a ideia. Escolha com cuidado a revista ou o jornal, já que o veículo vai querer direitos exclusivos de publicação.

Use a imprensa para publicar artigos sobre seus produtos e negócios, de modo a educar seus clientes em potencial.

5.6
Crie releases e pequenas inserções

É ótimo poder gastar dinheiro em campanhas publicitárias para gerar conhecimento, mas você também precisa manter sua marca à frente das pessoas. Elas têm memória muito curta e as pesquisas nos dizem que se lembram instantaneamente de apenas duas ou três marcas de cada tipo de produto.

Em quantas marcas de tênis de corrida você consegue pensar instantaneamente? Provavelmente duas, quase com certeza Nike e Adidas. Mas Puma foi a primeira do mercado, e a marca ainda é muito importante. Como você não tem orçamento ilimitado, precisa ser criativo e descobrir maneiras de inserir sua marca em pequenas doses na mente do cliente-alvo.

Minuto de reflexão: Reserve tempo para um planejamento mensal e organize uma agenda de pequenas promoções para o próximo ano. Você deve fazer alguma coisa pelo menos a cada mês.

■ **Alertas de notícias para a mídia.** Hoje, vivemos em uma sociedade segmentada, e a mídia está sempre em busca de historinhas para preencher lacunas. Faça um alerta de notícia de um ou dois parágrafos sobre coisas como pedidos mais recentes, um novo membro da equipe ou uma nova campanha promocional.
■ **Comentários especializados na mídia.** Use algumas técnicas de internet descritas no Segredo 6.1 para se tornar uma fonte de informação sobre sua empresa. Jornalistas e programas de notícias estão sempre procurando citações de especialistas, pois dão credibilidade às matérias.
■ **Faça propaganda em pequenas inserções.** Produza versões curtas de sua propaganda e compre pequenos espaços. Por exemplo, insira na imprensa o slogan de sua campanha de rádio na forma de pequenos anúncios.
■ **Boletins.** Você pode imprimi-los e enviá-los ou produzi-los na forma de e-mails. Se imprimir, deve fazer um a cada três meses. Se enviar por correio eletrônico, deve fazê-los mais curtos e mais frequentes – uma vez por mês é uma boa frequência.
■ **Brindes e presentes promocionais.** São brindes para seus clientes atuais e em potencial. Crie algo interessante, com sua logomarca, que eles usem. Coisas como canetas, chaveiros, canecas de café e *mouse pads* funcionam bem.

Seja o que for que você decida, deve fazer parecer integrado à sua campanha geral. É questão de acrescentar mais e mais, para ir inserindo a marca em seu mercado.

Você deve encontrar formas de manter sua marca na frente de seus clientes em potencial, porque as pessoas têm memória muito curta.

5.7

Faça contato com compradores em eventos comerciais

As pessoas que visitam exposições e feiras comerciais geralmente encontram-se nas etapas de conhecimento ou de preferência no processo de compra (veja o Segredo 2.3). Em outras palavras, estão quase prontas para comprar. Sendo assim, são lugares ideais para promover a empresa e seus produtos a um público quase cativo.

O problema com qualquer tipo de exposição ou feira é que você deve planejá-la com muita antecedência se quiser participar da maneira correta. A participação de última hora simplesmente não funciona. Portanto, aqui estão alguns itens de orientação para que você tenha êxito em uma feira comercial.

> **Minuto de reflexão:** Reserve um minuto para planejar um workshop, uma semana antes do evento, para todas as pessoas que estarão em seu estande. Será sua chance de lhes dizer o que fazer e como se comportar.

- **Opte pela melhor abordagem.** Escolha o evento comercial mais adequado ao seu negócio e decida o que quer dele. Decida qual imagem quer transmitir ao público e tenha muito claro o que deseja que ele memorize.
- **Reserve o lugar.** Entre nove e doze meses antes da data marcada para a feira, examine o espaço disponível. Você deve escolher um local em uma esquina, próximo a uma área de alimentação ou em frente a uma grande empresa. Reserve-o, assine o contrato e pague o sinal.
- **Formule um tema.** Seis meses antes do evento, você deve formular um tema para seu estande que seja atual e em sintonia com sua marca. Escolha um designer e pense em como vai divulgar o fato de estar no evento.
- **Elabore material promocional.** Apresente seu material para o catálogo três meses antes da data do evento. Faça as reservas de hotel necessárias e encaminhe os pedidos de brindes, panfletos e folhetos.
- **Kits de imprensa e releases.** Um mês antes, atualize sua página na internet e prepare um kit de imprensa. Envie ingressos a todos os seus principais clientes e às pessoas importantes de seu setor.

Uma boa maneira de obter ideias para seu estande é ir a outro evento e levar uma câmera. Observe os estandes com cuidado. Qual deles parece receptivo? Você consegue ler a mensagem em um segundo a 10 metros de distância? Aprenda com o que vê e adapte as ideias para o seu estande.

Feiras e exposições são ótimos lugares para promover sua empresa e seus produtos diante de pessoas que estão quase prontas para comprar.

5.8

Estabeleça redes de relacionamento com pessoas importantes e influentes

O trabalho em rede, ou *networking*, é uma excelente maneira de influenciar as pessoas importantes de sua área ou de seu setor. São pessoas que têm influência e podem recomendar seu negócio a outras. Os eventos organizados são a melhor opção, porque sempre há chance de encontrar pessoas e propor uma conversa de uma ou duas horas para se conhecerem.

Há muitos lugares onde se podem estabelecer redes. Os mais óbvios são as câmaras de comércio e as associações comerciais, mas também há conferências, exposições, cursos de treinamento e seminários. Na verdade, você pode estabelecer uma rede onde quer que esteja, pois nunca se sabe quem poderá encontrar em uma estação de trem ou um aeroporto.

Antes de ir a um evento onde possa estabelecer redes de contato, você deve se preparar. Lembre-se de levar caneta, papel e muitos cartões de visita. Vista-se adequadamente em relação ao evento – é bom, se puder, você se destacar um pouco, sem parecer estranho. Quando chegar, diga a si mesmo que está lá para estabelecer redes, e não para

> **Minuto de reflexão:** Observe seu cartão de visitas. Ele explica realmente o que sua empresa faz e o que representa? Se não, imprima alguns com sua proposta no verso.

tomar cafezinho nem conversar com pessoas que já conhece. Planeje passar entre cinco e oito minutos com cada nova pessoa que conhecer.

- **Aborde as pessoas.** Não tenha receio de falar com quem quer que seja – indivíduos sozinhos ou pequenos grupos. Vá até eles, cumprimente-os e se apresente.
- **Envolva-se com essas pessoas.** Você deve estar interessado nas pessoas que conhecer e disposto a saber o que elas fazem. Faça perguntas sobre o trabalho delas e lhes conte um pouco de você.
- **Troque cartões de visita.** Peça o cartão delas antes, olhe-o por alguns segundos e depois ofereça um dos seus. Se achar que gostaria de falar mais com alguma delas, sugira um encontro em outro momento.
- **Selecione e decida.** Quando voltar a seu escritório, examine cada cartão e decida com quem gostaria de prosseguir um relacionamento comercial. Divida os cartões em três pilhas, uma para sim, uma segunda para talvez e outra para não.
- **Dê seguimento.** Envie e-mail a cada uma das pessoas na pilha do sim, com sugestão de algumas datas para uma reunião. Em seguida, envie e-mail às pessoas da pilha do talvez, dizendo que gostou de conhecê-las e espera voltar a vê-las.

Pareça cordial e confiante ao estabelecer as redes de contato, mas não distribua cartões de visita nem panfletos como confete.

5.9

Use programas de fidelidade

Mesmo que não espere que seus clientes voltem a comprar de você – por exemplo, se constrói casas –, é preciso fazer de tudo para deixá-los felizes. Afinal, quer que eles recomendem seu trabalho a outros clientes em potencial e não que o critiquem. Os clientes satisfeitos se tornam fiéis e podem apoiar seu negócio falando de você aos amigos.

É claro que a qualidade de seu produto é importante, mas é o valor de sua marca e seu serviço que tornam os clientes fiéis. Se você perguntar em qualquer empresa o que as pessoas acham do contador que trabalha para eles, vai receber uma dessas respostas: ótimo, bom ou ruim. Mas, mesmo que ele seja péssimo, vai continuar onde está, simplesmente porque dá trabalho procurar um contador. Porém, se outra firma de contabilidade oferecer seus serviços, é provável que mudem num piscar de olhos.

Seu objetivo deve ser estar em uma posição em que todos os seus clientes respondam "ótimo" a perguntas sobre seus serviços.

- **Monitore quantos clientes você perde.** A perda de clientes se chama rotatividade. Pergunte aos seus clientes como você está se saindo, envie-lhes uma pesquisa de satisfação e telefone assim que puder depois da venda para saber o que eles acharam.
- **Crie um programa de fidelidade.** Premie clientes com pontos sempre que eles comprarem alguma coisa. Crie um programa como a

"Gostar do seu cliente se resume a uma coisa: criar uma sensação quase fanática de lealdade."
Brad Antin

Air Miles e deixe que eles escolham entre vales-compra de várias lojas de varejo. A maioria das lojas tem esse tipo de sistema.

■ **Mantenha-os informados.** Comece um boletim mensal ou trimestral para contar a seus clientes o que está fazendo. Dê-lhes um rosto humano, falando sobre o que alguns de seus funcionários fazem quando não estão no trabalho.

■ **Envolva-se com eles.** Crie um fórum em sua página na internet ou comece um blog. Falamos disso nos Segredos 6.5 e 6.4, respectivamente.

Hoje, as pessoas gostam de se orgulhar dos produtos que compram. Os programas de fidelidade são apenas uma arma em seu arsenal para fazer os clientes se sentirem bem. Use-os para reforçar seus valores de marca.

Você deve construir uma sensação de lealdade em seus clientes, para que eles lhe deem apoio e recomendem seus serviços a outros.

5.10

Apoie sempre sua marca

A história nos diz que sua marca é a coisa mais importante em seu negócio. E isso é verdade tanto se você vender a outras empresas como a clientes individuais. Marcas fortes são facilmente reconhecidas por clientes em potencial e algumas se tornaram nomes conhecidos por si sós – Xerox, Hoover e Google, para citar apenas algumas. Outras, como Rolex e Porsche, falam a todo mundo sobre seu status na sociedade.

Sejam quais forem os valores que criar para sua marca, você deve se certificar de que tudo lhe dê apoio. Faça a si mesmo as seguintes perguntas:

1 **Sua logomarca sustenta seus valores de marca?** A logomarca da Shell é reconhecida em todo o mundo, e suas cores vermelha e amarela significam energia e poder.

2 **A fonte que você usa em sua escrita é antiquada?** O tamanho e a forma da fonte que você usa em seus textos e em sua página na internet devem reforçar seus valores de marca.

3 **Como o tom e o estilo que você usa falam a seu respeito?** A forma como você escreve diz muito sobre seus

> **"Os produtos, assim como as pessoas, têm personalidade, que pode promovê-los ou destruí-los no mercado."**
>
> **David Ogilvy, guru de propaganda**

valores. Por exemplo, se suas palavras forem complicadas e longas, você vai soar enganoso.

4 A embalagem de seu produto apoia sua marca? A embalagem é a primeira coisa que as pessoas veem do seu produto. É o envelope, se você colocar no correio, e a caixa, se estiver em uma prateleira.

5 E seus outros tangíveis? Suas instalações, seus veículos e a forma como seus funcionários se vestem transmitem aos clientes suas características como empresa. Certifique-se de que eles tenham uma aparência que sustente seus valores.

6 E suas comunicações cotidianas? A forma como você atende ao telefone ou manda suas cartas e e-mails também fala às pessoas sobre você como empresa.

As marcas fortes têm valores claros que as pessoas entendem e com os quais conseguem se conectar. Por exemplo, Volvo representa segurança; e Audi, tecnologia. Essas marcas têm apelo funcional. Outras, como Apple, têm apelo emocional. Se você conseguir criar apelo emocional para seus clientes, eles se tornarão passionais em relação a você e comprarão tudo o que você vender.

McDonald's garante que cada ação apoie sua imagem e assim é reconhecida globalmente.

Capítulo 6
Entre na internet

A internet abriu muitas oportunidades para que as empresas criassem novos produtos e encontrassem novas formas de colocá-los no mercado. Agora, um pequeno negócio pode competir quase em condição de igualdade com uma multinacional. Atualmente, há muitos freelances e empresas especializados em fazer marketing apenas na internet. Você não precisa ser especialista, mas deve ser curioso, ter a mente aberta e entender o que a rede pode fazer por seu negócio.

6.1

Torne-se visível

Dez anos atrás, as pessoas ficavam sabendo de empresas e produtos por jornais, revistas, feiras e pelo boca a boca. A internet mudou isso. E hoje é o primeiro lugar a que a maioria recorre.

As pessoas pesquisarão o tipo de produto que você oferece a qualquer momento do dia e verificarão a empresa em sua página sete dias por semana. Mesmo que não saibam o endereço da página, conseguirão encontrá-la por meio de mecanismos de busca muito conhecidos.

A maioria das pessoas não vai além dos dez primeiros resultados, e você deve aparecer nos cinco primeiros, se puder. Contrate a assessoria especializada de um profissional de otimização de mecanismos de busca (*Search Engine Optimization* – SEO) e também realize algumas ações básicas por si mesmo.

■ **O design certo.** É muito bom ter uma página de excelente aparência, mas o que mais importa é como ela funciona. Verifique se sua página foi elaborada tendo em mente a SEO. Você deve ter coisas como *headings*, ou cabeçalho das páginas; *meta-tags*, ou linhas que descrevem o conteúdo para os buscadores; e *image tags*, ou imagens que levam a um *link* na página. Visite www.websitegrader.com para conferir a eficácia de marketing de sua página. É grátis.

■ **As palavras-chave certas.** Pesquise as palavras que as pessoas mais usam quando estão em busca de seu tipo de produto. Pode ser que você consiga fazer isso por conta própria ou pode usar uma página como www.wordtracker.com, que oferece um serviço gratuito, embora limitado.

> **Minuto de reflexão:** Pesquise sua empresa regularmente no Google e em outros mecanismos de busca conhecidos. Quantas vezes você aparece? No mínimo, deve estar na primeira página; muitas pequenas empresas aparecem mais de mil vezes.

■ **Os links certos.** Fale com seus fornecedores e com outras pessoas com quem trabalha para intercambiar links nas páginas uns dos outros. O Google, em particular, gosta de muitos links em páginas de outras pessoas conduzindo à dele.
■ **O conteúdo certo.** Todos os mecanismos de busca classificam as páginas segundo a quantidade de conteúdo e a frequência com que o alteram.Uma das formas mais fáceis de acrescentar conteúdo é inserir um blog em sua página, usando o software gratuito de www.wordpress.com.
■ **Os lugares certos.** Acrescente sua empresa às principais listas de internet. Muitas oferecem inserções gratuitas, e você deve, pelo menos, estar em DMOZ (vwvXdmoz.org) e no Yahoo Directory (http://dir.yahoo.com). São gratuitos e têm bons links com o Google.

A internet substituiu quase totalmente as listas comerciais e as *Páginas Amarelas* como o principal lugar onde as pessoas procuram produtos e serviços. Se elas não conseguirem encontrar sua empresa nos dez primeiros resultados da busca, você quase não existe. Sendo assim, deve investir tempo, esforço e um pouco de dinheiro para ter certeza de estar lá.

Atualmente, as pessoas estão no controle e usam a internet para encontrar os produtos que querem. Se elas não o encontrarem, você não existe.

6.2

Seja uma vitrine

Sua página na internet é o primeiro lugar que as pessoas procuram para conhecer seus produtos e sua empresa. Depois vêm os amigos, a quem elas podem pedir conselhos e recomendações. Pense em sua página como a frente da sua loja, ou sua vitrine, cujo propósito é seduzir os clientes a entrar e dar uma olhada.

Como qualquer ferramenta promocional, você deve elaborar a página tendo em vista seu mercado-alvo específico. Se tiver dois ou três mercados totalmente diferentes, pode precisar de duas ou três páginas diferentes. Ao pensar em sua página, não se pode considerar somente a aparência e a sensação que passa, mas também a tecnologia usada nela.

■ **Pense na velocidade.** Sua página inicial deve carregar rapidamente, por isso não é bom ter animação nem imagens pesadas nela. Se eu ganhasse um dólar a cada vez que alguém clicasse em "pular introdução", ficaria rico. Não parta do princípio de que todos os usuários têm conexão de internet rápida.

■ **Faça eco a seus valores de marca.** Você também deve se certificar de que a sensação que sua página transmite reforça os valores de sua marca. Dê uma olhada em www.apple.com e em www.nike.com. Você vai ver que as páginas dessas marcas têm exatamente a mesma aparência das lojas, dos anúncios e dos folhetos.

> **Minuto de reflexão:** Peça a seu web designer para incorporar um blog à sua página. Assim, conseguirá acrescentar informações e notícias com muita rapidez e manter o interesse na página – e por praticamente nenhum custo.

- **Diga coisas claras.** Garanta que as primeiras linhas de sua página inicial informem claramente o que você faz. Reescreva sua proposição (veja o Segredo 2.6) para que seja breve e clara e a coloque em negrito.
- **Acrescente um lado humano.** Atualmente, é possível encontrar um produto, examiná-lo e fazer a compra sem qualquer contato humano. Você deve acrescentar um lado humano à sua página, com fotos de pessoas, de preferência reais, que trabalhem em sua empresa. Adicione nomes e informações de contato para que os clientes se sintam seguros ao ver um rosto sorridente.
- **Mantenha-a atualizada.** Em alguns aspectos, sua página na internet substituiu seu folheto corporativo, mas com muito mais potencial. É tão fácil atualizar e acrescentar informação que você deve fazer alguma modificação todos os meses. E os mecanismos de busca adoram quando você faz isso.

Atualmente, a página na internet substituiu totalmente o folheto da empresa, mas certifique-se de que ela seja algo vivo, como uma vitrine. Não deixe que fique velha, cansada e empoeirada. Ela deve ser refeita minuciosamente, pelo menos a cada dois anos.

Pense em seu cliente-alvo e seus valores de marca antes de elaborar sua página. Tudo deve se encaixar.

6.3

Redija boletins por e-mail

Os boletins enviados por e-mail são a versão moderna do boletim trimestral que as empresas imprimiam e enviavam por correio a seus clientes. Material impresso é ótimo para ler em casa, onde costuma ficar algum tempo, em algum lugar, antes de ser lido e às vezes permanece por dias e semanas depois disso. Mas custa caro para produzir.

A maioria das empresas tem condições de produzir material impresso apenas algumas vezes ao ano. A alternativa é o boletim por e-mail, que, embora seja diagramado e redigido profissionalmente, não tem custo real de impressão nem de distribuição. O lado ruim é que pode ser facilmente deletado antes de ser lido e não fica à vista para que outras pessoas o leiam. Além disso, a maioria dos países tem legislação para reduzir os e-mails não solicitados, de modo que você deve pedir aos usuários que façam uma assinatura antes de recebê-lo.

Há duas formas diferentes de se produzir um boletim. A primeira é enviar o mesmo boletim a todos, ao mesmo tempo. Serviços pagos como www.constantcontact.com e www.topica.com são uma forma

Estudo de caso: Existe uma pequena empresa de formação em vendas nos Estados Unidos que envia um boletim completo semanal com dicas e conselhos de vendas. Cada e-mail tem um anúncio e, no fim do

muito eficaz de fazer isso. Também há serviços gratuitos do Google (http://groups.google.com) e do Yahoo (http://groups.yahoo.com), mas estes permitem somente o envio de e-mails com texto simples.

A segunda maneira é mandar automaticamente a mesma sequência de boletins a todos os assinantes a partir do momento em que eles realizem a assinatura. Empresas como www.aweber.com prestam esse tipo de serviço.

Seja qual for a sua opção, você deve...

1 Preparar um calendário de 12 meses, com tópicos que evoluam em torno de um tema. Você deve ter como objetivo um boletim a cada mês ou quinzena, e não todos os dias.

2 Dividir artigos longos ou de opinião em duas ou três partes ou capítulos e enviá-los como séries de e-mails. Isso incentiva as pessoas a ler a próxima edição.

3 Não se deixe fascinar por suas próprias palavras. Escreva, depois deixe o texto descansar e releia no dia seguinte. Mude se achar que seu leitor não se interessará pelo que você disse.

Usando marketing por e-mail, você pode se envolver com seus clientes e ter uma ideia sobre quem está interessado no que você faz.

documento, há um link para a página da empresa na internet. Apesar de ser uma empresa de porte modesto, mais de 30 mil pessoas de todo o mundo assinam atualmente o seu boletim.

6.4

Construa blogs e *podcasts*

A principal desvantagem de um boletim é ele ser enviado individualmente, de modo que os mecanismos de busca não o veem, mas há duas vantagens em colocar o conteúdo do boletim em sua página na internet e enviar o link a cada assinante. Em primeiro lugar, o assinante recebe um e-mail, o que o faz se lembrar de você. Em segundo, os mecanismos de busca veem o conteúdo, o que melhora sua posição.

Um blog ou um *podcast* é a melhor e mais fácil maneira de fazer isso. O primeiro é uma série de páginas na internet, associadas por meio de um banco de dados, para que você possa fazer buscas e encontrar uma que trate de um determinado tópico. Os leitores também podem deixar comentários, o que lhe dará uma ideia sobre o que é do interesse deles.

- **Crie um blog.** É muito fácil criar um blog com um serviço como o wwwblogger.com e o www.wordpress.com. Ambos são gratuitos.
- **Faça links.** Você também pode colocar um link de sua página em seu blog e vice-versa. Se decidir explorar o fenômeno moderno das redes sociais, pode inserir um link para seu blog em suas mensagens no Twitter e no Facebook (veja o Segredo 6.8).
- **Mantenha ativo.** É ainda mais fácil postar conteúdo novo. A melhor forma é fazer um rascunho usando seu processador de texto normal e depois copiar a versão final e colá-la em uma nova postagem.

> **"Os blogs são a próxima grande onda da comunicação humana. Antes disso, foi o e-mail e, é claro, as mensagens de texto, que são e-mails em tempo real."**
>
> **Eric Schmidt, diretor-executivo da Google**

Você pode facilmente alterar a aparência para se adequar a seus valores de marca.

■ **Faça o blog para empresas.** Na esfera empresarial, os blogs geralmente têm material "rico em conteúdo", ou seja, coisas como artigos de opinião, explicações passo a passo e estudos de caso. Os leitores de seu blog também podem assiná-lo por meio de um Really Simple Syndication (RSS) ou de um Atom Syndication Format (ATOM), para que sejam notificados automaticamente quando você fizer uma nova postagem. Você também pode usar o Feedburner, da Google (http://feedburner.google.com), que envia aos assinantes um e-mail automático com o conteúdo de cada nova postagem.

■ **Crie um *podcast*.** Pode ser puro áudio, uma apresentação de slides ou um vídeo curto. Você pode colocá-lo em sua página ou usar um servidor de mídia público, como YouTube (www.youtube.com), Podcast Alley (www.podcastalley.corn) ou iTunes, da Apple (www.apple.com/podcasting).

Os blogs e os *podcasts* são uma forma de ser notado, de melhorar sua posição em mecanismos de busca e de se envolver com seus clientes, tudo de uma vez.

6.5

Ofereça fóruns e portais

A internet deu aos profissionais de marketing oportunidades quase ilimitadas de lidar com o mercado. O ritmo da tecnologia fez com que fossem acrescentadas novas maneiras todos os meses. Algumas ultrapassam os limites e se tornam tendências, outras ficam pelo caminho.

■ **Fóruns na internet.** Semelhantes a um quadro de avisos, são uma forma excelente de descobrir o que os clientes pensam a seu respeito. Há muitos fóruns públicos para pessoas com interesses comuns, mas cada vez mais empresas estão criando os seus, nos quais os clientes podem responder questões sobre os produtos da empresa. A Apple tem fóruns sobre o Mac, o iPod e o iPhone em http://discussions.apple.com e existe um fórum público para fãs da BMW em www.bimmerforums.com. Cada página precisa de um moderador com poder de remover postagens ofensivas e banir usuários que façam uso incorreto dela.

■ *Wikis.* Um *wiki* é semelhante a um blog (veja o Segredo 6.4) e nele podem ser acrescentadas e editadas páginas, que são interligadas e indexadas. A Wikipédia é a mais famosa, uma enciclopédia livre com quase três milhões de verbetes em inglês (http://wlkipedia.org). Você pode

> **Estudo de caso:** O fórum da página do PlayStation, da Sony (http://boardsus.playstation.com/playstation), tem comunicados da empresa e discussões entre usuários sobre as vantagens e as desvantagens dos diversos jogos e produtos. Há

criar um *wiki* com o auxílio de um serviço como o www.wikispaces.com e usá-lo para que as pessoas de sua empresa compartilhem informações ou para que os clientes o façam. É uma maneira útil para os clientes compartilharem dicas entre si.

■ **Portais.** Um portal na internet é uma página comercial coordenada por um terceiro, dedicada a um interesse ou um setor específico. Entre os exemplos, estão www.weddingchannel.com, nos Estados Unidos, e www.flyingcv.com, na Índia. Muitos órgãos de governo usam portais como forma de acesso a seus serviços. Os portais geralmente têm reportagens, artigos de opinião e notícias, bem como links para fornecedores. Muitos também têm um fórum de usuários. Alguns oferecem listagem gratuita, outros cobram uma pequena taxa ou uma comissão em cada venda que se faça por meio da página. É semelhante a uma lista comercial interativa.

Essas três tecnologias são apenas algumas formas para você se envolver com seus clientes, mas a internet avança com ritmo intenso, de modo que você deve ficar de olhos abertos para novas oportunidades, o tempo todo. E não as desconsidere sem prestar atenção antes, por um mês, mais ou menos.

No século passado, uma empresa costumava interagir com seus clientes; hoje, tem que se envolver com eles.

milhões de postagens, que em alguns tópicos chegam a mais de dois milhões. É uma mina de ouro para a Sony como fonte de informação para descobrir em que seus usuários estão interessados.

6.6

Use marketing viral

O marketing viral existe desde que começamos a falar, mas, antes do surgimento da internet, era conhecido como marketing boca a boca. É quando alguém diz algo a alguém sobre alguma coisa interessante. As empresas agora aprenderam a explorar isso e passaram a criar mensagens que as pessoas provavelmente irão passar adiante.

O serviço gratuito de e-mail da Microsoft, Hotmail, foi um dos pioneiros em marketing viral na internet. Cada e-mail enviado tinha uma propaganda do Hotmail no final. Agora, cada rede social ou empresarial usa o recurso "convide um amigo" como marketing viral.

Empresas como Amway e Avon dependem de as pessoas fazerem os amigos comprarem seus produtos e participarem da empresa como distribuidores. É a versão do marketing viral ou do marketing boca a boca sem conexão com a internet.

■ **Provoque comentários.** Uma empresa pode distribuir novos produtos a usuários influentes e à mídia como forma de marketing viral. Em 1999, a TiVo produziu as primeiras gravadoras de vídeo digital e as distribuiu a entusiastas da internet para que eles escrevessem sobre o

> **Estudo de caso:** Para promover uma nova barra de chocolate, Cadbury selecionou dez superagentes entre dezenas de candidatos que quisessem ganhar um prêmio de 20 mil libras esterlinas. Esses agentes tinham

produto em seus blogs e contassem aos amigos. Esse é provavelmente um dos primeiros exemplos de marketing viral como o conhecemos hoje.

■ **Use comunidades na internet.** Com o advento das páginas de compartilhamento de vídeos e jogos interativos, o marketing viral saltou a um novo patamar. É questão de compartilhar uma experiência com os amigos ou participar de uma comunidade. As agências de marketing viral usam clipes, jogos interativos em animação, e-books, apresentações de slides, mensagens SMS e páginas de redes sociais (veja o Segredo 6.8).

No Reino Unido, Cadbury Chocolates é um dos líderes no uso de marketing viral. Cada um de seus anúncios de TV tem mais de 3,5 milhões de acessos no YouTube, e na página virtual da empresa (www.aglassandahalffullproductions.com) há jogos interativos com mensagens no Twitter e vídeos colocados no YouTube. De forma semelhante, a Editora Random House criou páginas de Twitter e do Facebook para o livro *O símbolo perdido*, de Dan Brown. A editora as usava para compartilhar códigos, enigmas, mapas e escritas cifradas com os fãs. Também foi criado um blog para o herói do livro, Robert Langdon, que, é claro, nem é uma pessoa real.

O marketing viral é obrigatório para qualquer empresa que venda a consumidores com menos de 50 anos.

que completar uma série de missões, gravar vídeos de si mesmos e postá-los na internet. O vencedor seria quem conseguisse mais comentários no YouTube e mais seguidores no Twitter.

6.7

Monte esquemas com terceiros

Com a internet, pode-se chegar a milhões de clientes em potencial, seja diretamente, seja por meio de um terceiro. Você também pode ganhar dinheiro até enquanto dorme, recebendo comissões pelos produtos de outras empresas, recomendados em sua página.

Se, por exemplo, você tiver um item de leituras recomendadas em sua página na internet, pode colocar um link para uma página de vendas de livros, como Amazon, e, desde que esteja registrado na Amazon, receberá uma pequena remuneração toda vez que alguém comprar algo através de sua página. O dinheiro simplesmente é transferido à sua conta bancária todos os meses. Você não apenas ganha um pouco, mas também melhora a qualidade e a imagem de sua página diante de clientes em potencial. Isso se chama sistema de afiliados, mas também há outros tipos, cada um oferecendo diferentes possibilidades de marketing.

■ **Sistema de afiliados.** Os serviços de internet como www.webgains.com e www.dickbank.com prestam um serviço em que você pode ganhar dinheiro como afiliado ou pagar por indicações, na condição de representante. Em qualquer dos casos, terá que ser aprovado pelo prestador do serviço e acrescentar um pequeno código à sua página. Na prática, é compartilhamento de receitas ou comissão de vendas.

"O marketing de afiliados tem rendido milhões a empresas e transformado pessoas em milionários."

Bo Bennett, empresário e palestrante motivacional

- **Serviços *pay-per-click*.** Em alguns sistemas, como o Google AdWords ou o Yahoo Sponsored Search, você paga por uma ação de parte do usuário, e não quando faz uma venda. Portanto, se alguém usar o Google para procurar determinado tipo de produto, sua empresa pode aparecer no lado direito superior da página de resultados, depois você terá que pagar ao Google uma pequena quantia se o usuário clicar em seu anúncio. Por isso se chama *pay-per-click*.
- **Propaganda contextual.** O terceiro tipo de sistema é conhecido como propaganda contextual, cujo líder é o Google com o AdSense. Você permite que o Google coloque na sua página anúncios que sejam relevantes para suas palavras-chave e recebe um pequeno pagamento quando alguém clica em um desses anúncios, que você pode gastar em propaganda *pay-per-click*.

Resumindo, os sistemas de afiliados oferecem uma maneira inteligente de você se apresentar a mais clientes em potencial por meio das páginas de outras pessoas e abrir sua comunidade de clientes a outras empresas por meio de sua página.

Ganhe dinheiro a partir de sua página na internet com um sistema de afiliados e gere indicações para sua empresa usando a mesma ideia a partir das páginas de outras pessoas.

6.8

Participe das redes sociais

Nos últimos cinco anos, a ascensão das páginas de redes sociais e empresariais tem sido fenomenal. MySpace começou em 2002 e Facebook foi fundada em 2004. Esta última tem atualmente 200 milhões de usuários ativos no mundo. De dois ou três anos para cá, as empresas também aproveitaram a oportunidade.

Você pode ampliar seu alcance por meio dessas páginas e também pode dar um rosto humano à sua empresa. Afinal de contas, pessoas compram de pessoas. A Dell tem 800 mil seguidores no Twitter e diz que isso lhe rendeu muito dinheiro. O segredo para qualquer empresa que queira usar as redes sociais é não fazer uma venda direta. A Dell oferece conselhos e dicas e promove eventos. Tudo é feito de maneira cordial. Há propaganda, mas discreta e, muitas vezes, na forma de cupons de desconto.

Há sete razões para você participar de páginas como Twitter, Facebook, LinkedIn, MySpace e YouTube.

1 Ajudar a construir relações com clientes em potencial e ampliar seu alcance em todo o mundo.

Estudo de caso: O Twitter foi lançado em agosto de 2006 e agora tem cerca de 50 milhões de usuários em todo o mundo. É o terceiro maior gerador de tráfego na internet e responde

2 Funcionar como uma máquina de marketing viral. As pessoas falam aos amigos sobre você, sua empresa e as coisas que você diz.

3 Aumentar o conhecimento de sua marca e o que ela representa pelo que você diz.

4 Mostrar que você é um líder e aumentar sua credibilidade e sua confiança com os clientes. Você também pode usá-la para estabelecer a empresa como lugar de especialidade em sua área de atuação.

5 Dar-lhe uma visão sobre o que as pessoas pensam de você e de sua empresa. As redes sociais não são unidirecionais, no sentido de apenas você emitir conceitos e opiniões. As pessoas vão comentar sobre sua empresa e sobre o que você diz.

6 Permitir que você indique às pessoas onde encontrar mais informações sobre seu blog ou sua página.

7 Ser uma forma para você descobrir novas ideias e encontrar oportunidades de trabalhar com outras empresas em projetos conjuntos.

Não ignore o poder das redes sociais para chegar a mercados que você geralmente não costuma atingir.

por uma em cada 350 visitas a outras páginas. Outros excelentes lugares para gerar tráfego na internet são YouTube, Facebook e LinkedIn, a página de contatos profissionais.

Capítulo 7
Elabore um plano viável

Essa é a parte mais difícil para a maioria dos profissionais de marketing, porque eles são, em geral, pessoas que fazem, e não planejadores, mas você precisa pensar no que quer obter e como vai chegar a isso. Seu plano não tem que ser longo, mas deve ser completo e bem pensado. Você também tem que decidir como avaliar seu progresso e, se não estiver funcionando como planejou, seja flexível com sua abordagem e honesto o suficiente para admitir: "Isso não funcionou, então vamos tentar aquilo".

7.1

Seja claro quanto ao que você pretende

Os profissionais de marketing são inovadores e pessoas de ação, por isso provavelmente esta é a parte que a maioria deles detesta: colocar tudo no papel, na forma de um plano. Mas não custa insistir na importância de gastar algum tempo com isso. Ajuda a esclarecer seus pensamentos e explicar aos outros o que você planeja fazer e por quê.

Antes de criar seu plano, você precisa ter muito claro qual é seu objetivo ou sua ambição. Se trabalha em uma organização de grande porte, isso provavelmente constará de sua visão ou de sua declaração de missão e costuma ser algo como "ser o principal fornecedor de (...) do mundo".

Organizações menores expressam seus objetivos de formas mais diretas. Quanto querem vender, quanto dinheiro querem ganhar ou qual fatia de mercado querem ter. No entanto, você deve expressar isso claramente, para que todas as outras pessoas entendam o que está tentando fazer.

■ **Seu objetivo.** É o que você quer atingir no período seguinte, de 18 meses a 2 anos. Não mais do que isso, já que a tecnologia e os mercados se movimentam muito rapidamente hoje em dia. Para monitorar seus avanços, pense em algo que possa medir facilmente.

> "Uma visão clara, baseada em planos precisos, dá uma enorme sensação de confiança."
>
> **Brian Tracy, escritor e palestrante motivacional**

- **Suas estratégias.** São as formas como você vai atingir seu objetivo. Podem ser coisas como lançar um novo produto, expandir para uma nova área ou começar a vender produtos pela internet.
- **Suas atividades e seus objetivos.** É aqui que você transforma suas estratégias em táticas ou em atividades de marketing. Inclui exatamente o que você pretende fazer, quem vai fazer e quando será feito.
- **Seu plano.** Explica o pensamento por trás de seus objetivos, estratégias e atividades. Há também um planejamento de atividades mês a mês, acompanhado da justificativa financeira para o que você quer fazer.

O plano não precisa ser muito longo, mas deve ter algumas informações básicas. Deve dar conta dos Segredos que falam de seus clientes em potencial, de seus produtos e serviços, dos lugares em que as pessoas vão comprar e de como promover sua empresa. Também deve conter detalhes de sua principal concorrência e um balanço de lucros e perdas. Em geral, não é preciso uma análise de fluxo de caixa, embora um investidor possa pedi-la.

Pode ser uma chateação, mas seu plano de marketing é um eixo condutor. Ele diz às pessoas o que você vai fazer e também por que vai fazer.

7.2

Crie um plano detalhado de longo prazo

Às vezes, você tem que preparar um plano completo de marketing ou de negócios. Não se trata de um plano de curto prazo para lançar um produto novo, como no Segredo 7.1, já que cobre sua empresa nos próximos três a cinco anos.

Esse tipo de plano deve ser um documento ativo, pois você precisa revisá-lo e atualizá-lo a cada período de seis a nove meses e terá que fazer mais acréscimos no final a cada vez. Um bom plano o ajuda a identificar qualquer coisa que esteja errada e lhe permite fazer algo a respeito. Também ajuda a ver áreas que estão se desenvolvendo mais rapidamente ou melhor do que o esperado, para que possa explorá-las. Seu plano deve ter de 20 a 30 páginas e conter as sete sessões a seguir.

- **Seu objetivo.** Duas ou três páginas com os principais pontos do plano. Embora apareçam na frente do documento, você deve escrevê-las depois de todo o resto.
- **Seus produtos.** Descrição de cada um de seus produtos ou serviços, bem como da estrutura de preços, além de qualquer melhoria que pretenda introduzir durante o tempo de duração do plano.
- **Seu mercado.** Definição, tamanho e dinâmicas de seus mercados-alvo. Deve ter, assim como a estrutura do setor, os métodos para atingir o mercado e as informações sobre a concorrência.

> "A principal função do plano de marketing é garantir que você tenha os recursos e os meios para fazer o que for necessário para que sua empresa funcione."
>
> **Jay Levinson**

- **Sua competitividade.** Os pontos fortes e fracos de sua empresa e as oportunidades e as ameaças durante o período planejado. Você deve enunciar como vai explicar seus pontos fortes e as oportunidades e superar os pontos fracos e as ameaças.
- **Sua abordagem.** Como você vai colocar seus produtos e serviços no mercado e vendê-los, além de uma previsão do volume de vendas e de valores durante a vigência do plano.
- **Seu plano de implementação.** Como você pretende obter insumos, produzir, fornecer e entregar seus produtos e serviços. Inclui qualquer recurso adicional que venha a ser necessário.
- **Sua previsão.** Uma previsão de lucros e perdas para cada período do plano, acompanhada de uma previsão de fluxo de caixa que cubra três anos.

Seu plano é um documento de trabalho para que todo mundo entenda o que você pretende fazer e de quais recursos precisa. Deve ser claro, legível e honesto. Não há razão para construir um negócio com base em alicerces frágeis.

Todas as empresas precisam entender onde querem estar dentro de três a cinco anos e como chegar lá.

7.3

Sempre saiba como está se saindo

Só porque você tem um plano, isso não quer dizer que os eventos aconteçam necessariamente como os projetou. Os negócios nunca são tão fáceis assim e seus concorrentes não vão ignorar o que você está fazendo. E a única maneira de você descobrir se as coisas estão avançando bem ou mal é avaliar a realidade em relação a suas previsões e suas metas.

Existem muitas métricas de marketing, como são chamadas, e cada empresa terá suas formas de fazer as coisas. Contudo, acho que as três primeiras da lista são obrigatórias.

- **Receita e margem das vendas mensais.** Você deve medir quanto vende, quanto lucro bruto e qual margem de vendas está obtendo todos os meses. O ideal seria desmembrar isso ainda mais e chegar aos números para cada um de seus produtos.
- **Google Analytics.** Você deve instalar a ferramenta Google Analytics em sua página na internet para saber como as pessoas a encontraram, quais páginas visitaram e quanto tempo permaneceram.
- **Desempenho da campanha.** Você deve estabelecer um objetivo para cada atividade promocional, como aumentar o conhecimento de seu produto em 20% ou gerar 500 consultas. Se não estiver funcionando, pare e refaça.

> **Minuto de reflexão:** Antes de você fazer sua próxima campanha promocional, deve ter um objetivo claro e mensurável. Simplesmente "promover um produto" não basta. Certifique-se de ter posto alguma ação na campanha e depois meça quantas pessoas fizeram o que você queria que elas fizessem.

- **Novos clientes.** Os clientes são o cerne dos negócios. Você deve manter a máxima quantidade que puder, porque é mais barato vender a alguém que já o conheça. Inevitavelmente, você vai perder alguns, por isso os novos clientes são essenciais. Calcule a quantidade de novos clientes que você tem todos os meses, trimestres e anos.
- **Satisfação dos clientes.** As más notícias se espalham rapidamente, e uma reputação de má qualidade ou de serviços ruins leva anos para ser apagada. Converse regularmente com seus clientes para saber o que eles acham de você, de seus produtos e de seus serviços.
- **Média diária de vendas.** Se você tem uma loja ou uma empresa com muitos clientes, deve saber como se saiu a cada dia. Divida sua meta anual pelo número de dias úteis no ano para obter uma média diária de vendas.

A única maneira de saber se suas ideias estão funcionando é fazendo medições.

7.4

Nem todos os clientes são iguais

A ideia de que todos os clientes são iguais é um mito. Não se trata apenas de eles serem pessoas diferentes, com preferências e personalidades distintas; o fato é que gastam quantidades diferentes de dinheiro. Há um custo cada vez que você envia algo a alguém. O problema surge quando isso excede qualquer lucro em potencial que se tenha feito com a venda.

Você deve categorizar seus clientes para entender quais lhe custam dinheiro. Identifique as vendas a cada cliente em um determinado período de tempo, como um ano; coloque-as em ordem de vendas, com os que gastam mais no topo de sua lista. Calcule as vendas cumulativas, começando do topo da lista e descendo até ter os clientes que geraram 80% de suas vendas no período. Provavelmente, vai descobrir que são apenas 20% do todo. Isso se chama análise de Pareto, como referência ao italiano Vilfredo Pareto, e é bastante padronizada em todos os negócios.

Chamemos de clientes regulares aqueles que geraram 80% de suas vendas. É desses que você deve cuidar, para que continuem com você enquanto crescem. O interessante é que 20% de seus regulares também geram 80% das vendas do grupo. Chamemos estes de seus

> **Minuto de reflexão:** Observe uma lista de suas vendas por cliente nos últimos seis meses e veja quantos geraram mais de 80% delas. Pergunte a si mesmo se realmente necessita dos que compraram pouco.

clientes principais. E você deve dar a seus clientes principais um tratamento melhor do que aos outros. Algumas empresas os chamam de clientes-chave, porque elas quebrariam se os perdessem.

O resto dos clientes pode ser dividido entre os que compram de você ocasionalmente e os que somente compraram uma vez. Você tem que decidir se vai gastar sua verba de marketing neles. Se compraram apenas uma vez, provavelmente não vale a pena.

- **Clientes principais.** Trate-os como reis. Se você começar a perdê-los, provavelmente vai falir. Dê-lhes tratamento preferencial e serviço excepcional. São eles que vão convidá-lo para jogar golfe.
- **Clientes regulares.** Eles geram o arroz com feijão de seu negócio, e você precisa cuidar deles. Certifique-se de que recebam um bom serviço e preste atenção a qualquer coisa que digam sobre sua empresa.
- **Clientes ocasionais.** Esses compram de você de vez em quando. Provavelmente não tem interesse em perdê-los, mas não deve lhes dar tratamento especial. Alguns vão lhe custar mais dinheiro do que geram.
- **Clientes de uma só vez.** São pessoas que compraram apenas uma vez e têm poucas probabilidades de voltar a comprar. Não gaste coisa alguma com eles, a primeira venda provavelmente já lhe custou dinheiro.

Alguns clientes são mais importantes do que outros, e outros representam mais problemas do que realmente valem.

7.5

Não tenha receio de corrigir sua abordagem

No primeiro capítulo, falamos sobre a filosofia do marketing e de como os profissionais da área adoram mudanças, porque elas trazem oportunidades. A razão pela qual você cria um plano é entender o que vai fazer para chegar a seu objetivo. A razão pela qual se mede tudo é saber se as coisas estão indo como planejado.

Considerando-se que muito do marketing é a mescla de estimativa e experiência, você não deve levar para o lado pessoal as coisas que não saírem exatamente como pretendia. Seja adulto o suficiente para dizer: "Bom, aquilo não funcionou, então vamos experimentar isto". A capacidade de se adaptar a mudanças conforme as circunstâncias é uma das chaves do marketing de sucesso. Ser capaz de fazer planos é importante, mas também o é conseguir revisá-los à medida que os negócios avançam.

- **Revise o que aconteceu.** Reserve um tempo para examinar o que fez e avaliar como está indo. Esteja preparado para admitir que as coisas não saíram como você pensava, se for o caso.
- **Modifique sua abordagem.** Reflita sobre o que poderia fazer para que seus planos funcionem ou conceba uma nova forma de chegar ao mesmo objetivo.

> **Minuto de reflexão:** Pesquise tendências no Google ou visite http://trendwatching.com e assine os relatórios gratuitos. Mesmo que não trabalhe em um mercado consumidor ágil, verá coisas que podem acontecer em seu mercado e em seu setor num futuro breve e terá muitas ideias boas.

- **Ajuste seu plano.** Examine seu plano original e o reformule. Observe as implicações de mudar a abordagem e calcule o impacto sobre seu orçamento.
- **Monitore e repita.** Decida quando examinará seu desempenho novamente. Se não estiver funcionando, você terá que tomar uma decisão difícil, abandonar a ideia e pensar em outra coisa.

Como profissional de marketing, você precisa ter a mente aberta e uma natureza inquisitiva para notar o que está acontecendo em outras empresas e em outros setores. Torne-se um usuário sistemático da internet e observe o que está acontecendo em outros países. Assine boletins eletrônicos, relatórios e blogs de marketing, para ver o que outras pessoas estão fazendo. Os bons profissionais de marketing aprendem com seus próprios erros e com o que os demais estão fazendo.

As coisas nem sempre saem como planejado, por isso você precisa ser maduro o suficiente para admitir que não funcionou como você pensava.

Índice de jargões

AIDA
Sigla que os profissionais de marketing usam para ajudá-los a criar uma mensagem promocional. Significa Atenção, Interesse, Desejo e Ação.

ATOM
veja *RSS*

Benefício
Aquilo que a característica de um produto ou serviço realmente faz pelos clientes.

Canal
A rede de pessoas e terceiros que uma organização usa para vender produtos e serviços a clientes em potencial.

Característica
Uma propriedade ou um aspecto de um produto ou serviço.

Ciclo de vida do produto
Expressão usada para descrever como as vendas de um produto variam com o tempo. O ciclo de vida do produto vai do lançamento, passa pela ascensão e acaba chegando ao declínio.

Drop-ship
Aceitar um pedido de um terceiro em uma transação, fornecendo o produto ou prestando o serviço diretamente ao cliente.

Emitida ou recebida
Esses termos gêmeos descrevem a direção de qualquer comunicação com clientes. O que é *emitido* é algo que a empresa faz para estabelecer contato com o cliente (pode ser uma carta, um e-mail ou um telefonema); *recebido* é algo que o cliente faz para entrar em contato com a empresa (uma mensagem em um fórum na internet, por exemplo).

Estímulo e atração
Termos usados para descrever como os produtos são estimulados através do canal usando-se incentivos de vendas e como os clientes em potencial são atraídos para o canal, quando há promoções.

Etapas de compra
Etapas mentais por que passam os clientes enquanto decidem qual produto ou serviço comprar. As quatro etapas são: necessidade ou desejo; conhecimento; preferência; por último, compra e justificação.

Lucro
A margem que resta depois de subtraídos da margem bruta todos os custos de administração da empresa.

Marca
A identidade ou a imagem de uma empresa ou um produto dessa empresa. Também é o sentimento que o nome e a imagem da organização geram na mente do cliente.

Margem
A margem bruta é a diferença entre o custo de fazer ou adquirir um produto e/ou serviço e o seu preço de venda. A margem líquida é mensurada depois de subtrair também os custos de marketing e de vendas.

Mercado
Grupos de clientes em potencial de um determinado tipo de produto ou categoria de produto.

Oferta
O que os clientes experimentam ao comprar um produto ou serviço de uma organização. É o produto com o atendimento ao cliente.

Proposição
Declaração breve que diz exatamente o que você faz, para quem e o que os clientes ganham com isso.

Quantitativo e qualitativo
São dois tipos de resultado que se pode obter de uma pesquisa. Os dados quantitativos são os números, os dados qualitativos são as sensações e os comentários.

RSS e *ATOM*
São *feeds*, ou avisos, automáticos da internet que informam quando um blog ou uma página passaram por atualização.

Segmentação
O processo no qual os profissionais de marketing dividem um mercado em partes menores, ou segmentos.

Segmento
Uma parte menor, diferenciada, de um mercado que contém um grupo de clientes com características muito semelhantes.

Valor
O preço é aquilo que o cliente paga; o valor é o que ele acha que o serviço vale.

Vantagem competitiva
A diferença percebida entre a oferta de uma organização e a de seus concorrentes.

COLEÇÃO
SEGREDOS PROFISSIONAIS

Os livros da série *Segredos Profissionais* são indispensáveis para aprimorar suas habilidades corporativas. Dez guias, em linguagem clara e objetiva, trazem estratégias comprovadamente eficazes e de fácil aplicação sobre assuntos de grande importância: apresentação, liderança, negociação, marketing, entre outros do mundo corporativo. Coleção *Segredos Profissionais* – um novo impulso à sua carreira.

EDITORA
FUNDAMENTO
www.editorafundamento.com.br

Conheça outros livros da FUNDAMENTO

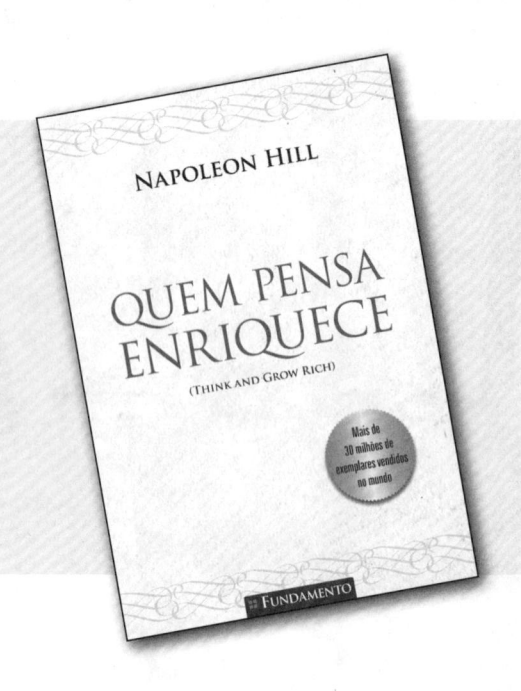

▶ QUEM PENSA ENRIQUECE
Napoleon Hill

Todos querem ficar ricos, mas poucos conseguem. Será que existe segredo para se tornar milionário? Você pode descobrir isso em *Quem pensa enriquece* – um livro que cada vez mais tem ajudado pessoas a se tornarem bem-sucedidas e poderosas!

Nesta obra-prima de Napoleon Hill, você vai conhecer as características de grandes vencedores, como Henry Ford e Theodore Roosevelt, e aprender a usá-las a seu favor. Use a imaginação, a persistência e o planejamento e mude a sua vida para muito melhor.

Editora FUNDAMENTO
www.editorafundamento.com.br